한국사 천재의 비법노트

한국사 천재의 비법노트

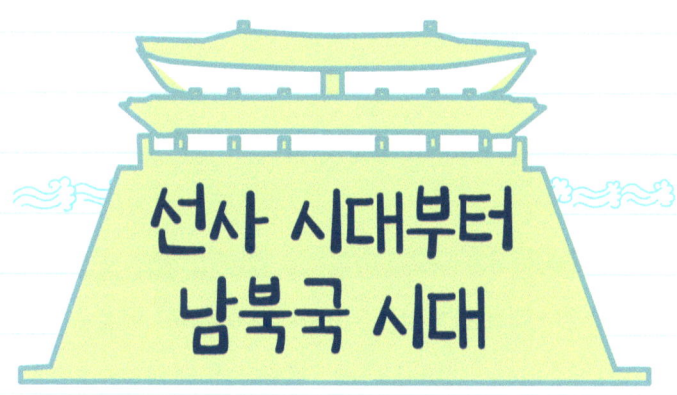

선사 시대부터 남북국 시대

이진경 지음 | 김나연 그림

우리학교

한국사와 친해지는 가장 완벽한 방법

안녕?

지금부터 너에게만 내 한국사 비법노트를 보여 줄게. 아참, 내가 누구냐고? 내 입으로 말하기는 좀 쑥스럽지만 사람들은 나를 천재라고 불러. 특히 한국사를 아주 잘해서 '한국사 천재'라는 소리를 많이 듣지.

『한국사천재의 비법노트: 선사 시대부터 남북국 시대』에서는 구석기 시대, 신석기 시대, 고조선과 여러 나라, 삼국 시대, 그리고 남북국 시대에 대해 이야기할 거야. 이 책에는 한국사와 친해지기 위해 반드시 알아야 할 모든 내용이 들어 있어. 물론 시험에 자주 나오는 내용들도 빠짐없이 들어 있지. 한국사는 외울 게 많은 만큼 그 시대의 주요 사건들과 사회, 문화를 한눈에 보기 쉽게 정리했어. 이를 위해서 사건과 관련된 그림과 다양한 지도를 곳곳에 넣었지. 너희가 한국사의 흐름을 잘 따라갈 수 있게 최대한 쉽게 썼으니 걱정하지 마.

비법노트 활용법!
- 중요한 인물과 장소, 사건, 꼭 알아야 할 용어 등은 파란색 글씨로 표시했어.
- 설명이 필요한 용어는 굵은 글씨에 노란색 형광펜을 덧칠하고, 작은 상자에 뜻풀이를 적어 넣었어.
- 더 알아 두면 좋을 내용은 다양한 상자에 넣어 따로 설명했어.
- 중요한 개념을 시각적으로 보여 주기 위해 지도, 유물과 유적, 귀여운 그림들도 그려 넣었지.

만약 한국사 교과서가 마음에 들지 않고, 수업 내용을 필기하는 게 어려웠다면, 이 노트가 도움이 될 거야. 네가 배워야 할 중요한 내용들이 모두 들어 있거든. 하지만 수업 시간에 선생님이 이 노트에 없는 내용을 가르쳐 주신다면 얼른 받아 적어야겠지?

으읔… 뭐라고?

나는 이제 이 노트가 필요 없어. 노트의 내용을 다 알고 있거든. 그러니까 지금부터 이 노트의 주인은 바로 너야. 이 노트는 네가 한국사와 친해질 수 있는 가장 완벽한 방법을 알려 줄 거야.
자, 그럼 시작해 볼까?

차 례

선사 시대, 고조선과 여러 나라
(약 70만 년 전부터 기원전 1세기까지)

비법노트 1장　만주와 한반도에서 발달한 선사 문화　10

비법노트 2장　우리 역사에 가장 처음 세워진 나라, 고조선　23

비법노트 3장　철기 문화를 바탕으로 발전한 여러 나라　33

삼국 시대 (기원전 1세기부터 기원후 7세기까지)

비법노트 4장　동북아시아의 강국, 고구려　44

비법노트 5장　빠른 성장을 이룬 백제　53

비법노트 6장　삼국 통일의 발판을 마련한 신라　63

비법노트 7장　가야 연맹의 성립과 변천　73

비법노트 8장　삼국의 문화와 대외 교류　81

남북국 시대 (7세기부터 10세기까지)

비법노트 9장　　신라가 이룬 삼국 통일　96

비법노트 10장　　통일 신라의 발전 그리고 혼란　107

비법노트 11장　　고구려를 계승한 나라, 발해　117

비법노트 12장　　남북국의 문화와 대외 교류　127

개념 연결　**역사연표·교과연계표**　139

선사 시대, 고조선과 여러 나라

약 70만 년 전부터 기원전 1세기까지

한반도에서는 언제부터 사람들이 살기 시작했을까?
우리 역사에서 가장 처음 세워진 나라는 어디일까?
그 뒤에는 어떤 나라들이 생겨났을까?
지금부터 이 질문들에 대한 답을 찾아볼 거야.

비법노트 1장

만주와 한반도에서 발달한 선사 문화

약 70만 년 전~기원전 1세기

약 390만 년 전, 인류가 처음 나타났어. 인류는 세계 이곳저곳으로 퍼져 나가 만주와 한반도에도 정착했어. 그 뒤 한반도에서는 구석기, 신석기, 청동기 문화가 발달했지. **선사 시대**의 자연환경과 생활 모습은 당시 **유적**이나 **유물**을 통해 알 수 있어.

선사 시대
문자가 만들어지기 이전 시대

유적	유물
인류가 남긴 생활 문화 흔적이 있는 터전. 동굴이나 무덤, 궁, 성처럼 형태가 크며 그 위치를 바꿀 수 없음	인류가 쓰다 남긴 물건. 도구, 무기, 토기처럼 형태가 작고 옮길 수 있음

구석기 시대

만주와 한반도에서 **인류**가 살기 시작한 건은 약 70만 년 전부터였어. 구석기 시대 사람들은 짐승을 **사냥**하거나 열매와 뿌리를 **채집**해 먹을거리를 얻었어. 먹을거리가 떨어지면 다른 곳으로 이동했지. 이들은 주로 동굴이나 바위 그늘에서 살거나 강가에 **막집**을 지어 살았어. 돌, 나무, 동물 뼈 등으로 도구를 만들어 쓰고, 예술품을 만들어 사냥이 잘되기를 기원했어. 특히 돌을 깨뜨려 만든 **뗀석기**가 많이 쓰였지.

구석기 시대는 부자도, 가난한 사람도, 계급도 없는 **평등한 사회**였어. 사람들은 다 같이 힘을 모아 먹을거리를 구하고 그걸 똑같이 나누며 살았던 거야.

> **인류**
> 사람들을 다른 동물과 구별해 쓰는 말

> **막집**
> 풀이나 나뭇가지, 동물 가죽 등을 사용해 임시로 간단히 지은 집

뗀석기
돌을 깨거나 떼어 만든 도구. 찍개, 긁개, 슴베찌르개 등이 있음

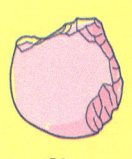  

찍개   긁개   슴베찌르개

구석기 시대 사람들의 만능 도구, 주먹도끼

주먹도끼는 돌의 양쪽 면을 깨뜨리고 다듬어 만들었어. 짐승을 사냥하거나 사냥한 고기를 자르거나, 잔 나뭇가지 같은 것을 다듬을 때 쓴 만능 도구였지. 주먹도끼는 찍개, 긁개보다 정교하게 잘 만든 도구야. 주먹도끼를 만들어 썼다는 것은 그 지역에 구석기 문화가 매우 발달했다는 것을 말해. 우리나라에서는 1978년에 경기 연천 전곡리에서 처음 발견되었어.

이것만 있으면 자르고 긁고 찍고 무엇이든 다 할 수 있어!

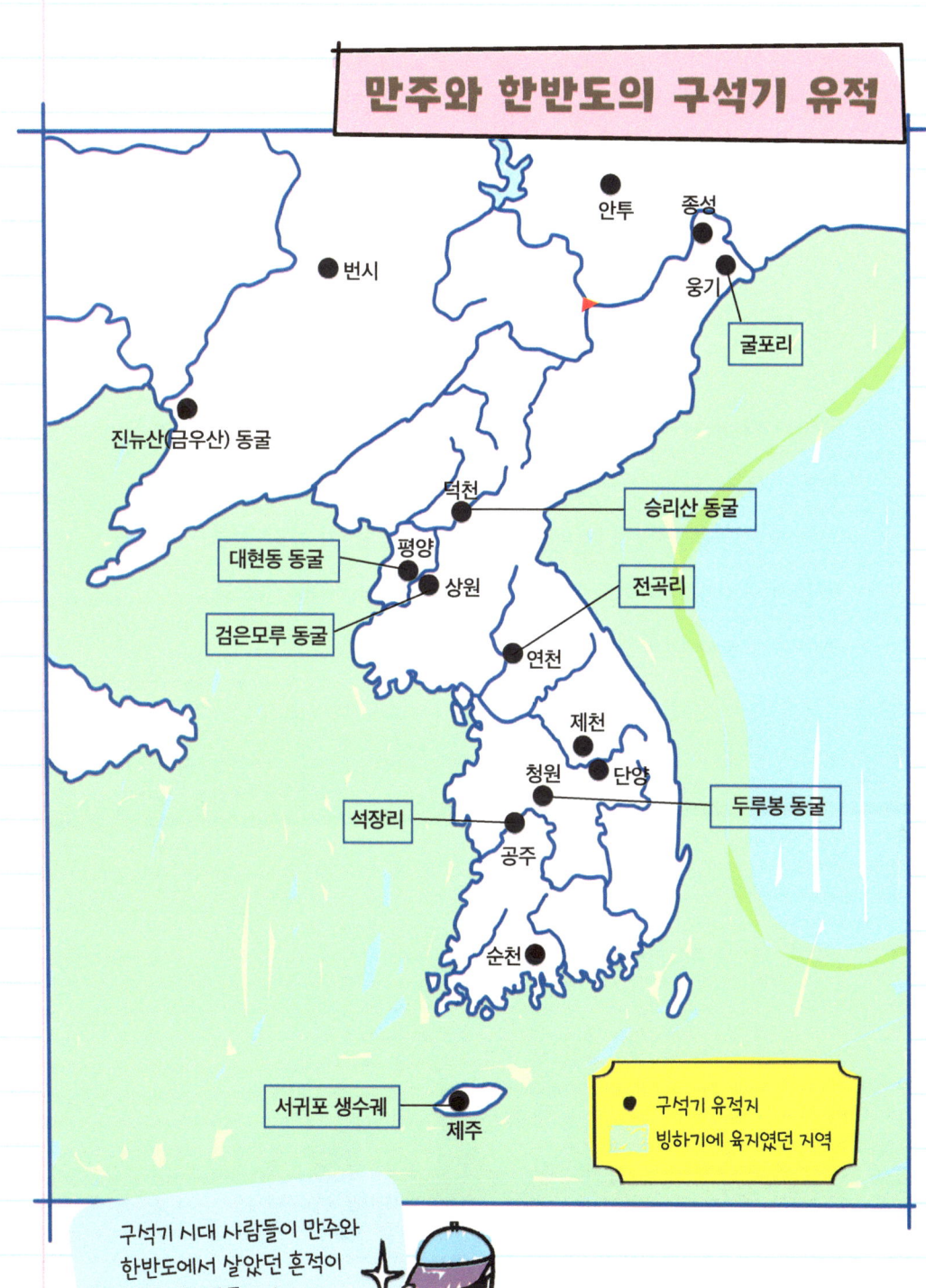

신석기 시대

만주와 한반도에서는 약 1만 년 전부터 신석기 시대가 시작되었어. 신석기 시대 사람들도 고기잡이, 사냥, 채집을 하며 먹을거리를 얻었어. 신석기 시대 후기에 가서는 작물을 재배하고 돼지, 염소 등을 기르기 시작했지. 이렇게 농사짓고 가축을 기르기 시작하면서 움집을 지어 한곳에 머물러 사는 정착 생활을 하게 되었어.

> 이 시기에는 자연환경이 오늘날과 비슷해졌어.

신석기 시대 사람들은 돌을 정교하게 갈아서 만든 간석기를 썼어. 돌낫, 돌보습 같은 농기구를 만들어 쓰며 조, 피, 기장 같은 곡식을 길렀지. 갈판과 갈돌은 곡식과 열매를 가는 데 사용했어. 특히 이들은 토기를 만들어 음식을 조리하고 저장했어. 가락바퀴나 뼈바늘로는 옷이나 그물을 만들었지.

움집
땅을 파서 터를 다지고 나무로 기둥을 세운 뒤 풀을 엮어 지붕을 얹은 집

> **간석기**
> 돌이나 뼈를 갈고 다듬어 만든 도구. 돌낫,
> 돌보습, 갈판과 갈돌, 가락바퀴, 뼈바늘 등

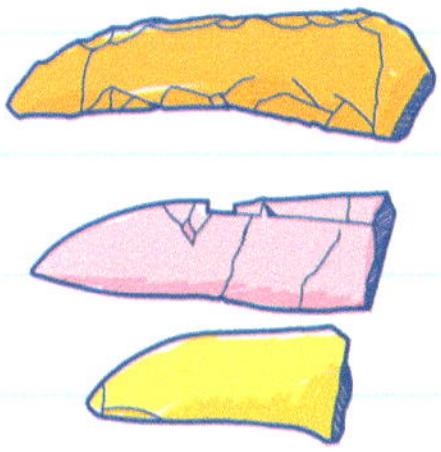

돌낫 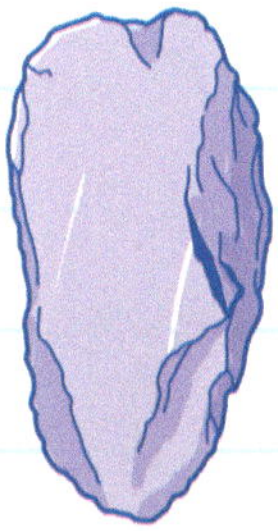   돌보습    갈판과 갈돌

가락바퀴 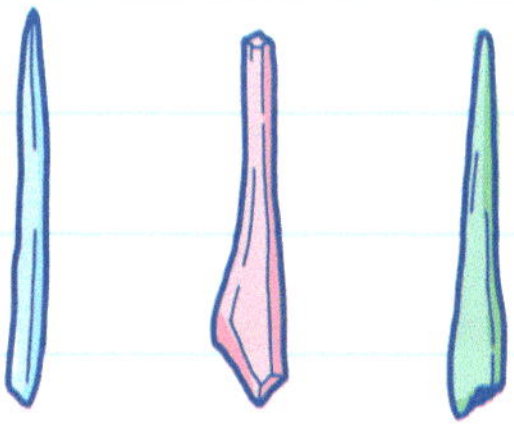   뼈바늘

한편 사람들은 살아가는 데 큰 영향을 끼치는 자연에 엄청난 힘이 있다고 생각했어. 그래서 태양이나 특정 동물을 숭배하기도 하고, 바위 같은 자연물에 영혼이 있다고 믿기도 했지.
신석기 시대 사람들은 구석기 시대와 마찬가지로, 모두 함께 먹을거리를 생산하고 공평하게 나누며 평등한 생활을 했어.

만주와 한반도의 신석기 유적

- 신러 — 선양
- 백두산
- 서포항
- 선봉
- 농포동
- 청진
- 신암리 — 용천
- 지탑리 — 봉산
- 문암리
- 고성
- 오산리
- 양양
- 암사동 — 서울
- 동삼동 — 부산
- 통영
- 상노대도
- 고산리 — 제주

● 신석기 유적지

신석기 시대 사람들이 만주와 한반도에서도 살았던 흔적이 남아 있는 곳들이야.

신석기 시대 대표 유물, 토기

흙으로 만들어 불에 구운 토기는 식생활을 크게 바꾸어 놓았어. 불로 음식을 요리해 먹을 수 있게 되었고, 식량을 저장하고 쉽게 운반할 수 있게 되었거든. 토기는 사람들이 정착 생활을 하는 데 큰 구실을 한 거야. 신석기 시대의 대표적인 토기로는 빗살무늬 토기와 덧무늬 토기가 있어.

빗살무늬 토기

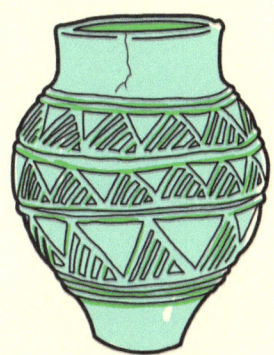
덧무늬 토기

언제든지 꺼내 먹을 수 있으니 편리하고, 음식을 끓여 먹을 수 있어 소화도 잘 되니 일석이조야.

청동기 시대

기원전 2000년 무렵부터 만주에 전해지기 시작한 청동기는 시간이 지나면서 한반도 곳곳으로 퍼졌어.
청동은 만드는 데 어려움이 많았어. 그래서 주로 검, 도끼 같은 무기, 방울 같은 제사용 도구, 장신구나 거울을 만드는 데 쓰였어. 농사나 일상생활에 쓰는 도구는 기존의 간석기를 더욱 정교하게 만들어 썼지.

청동
구리에 주석과 납, 아연 등을 섞어 만든 금속

청동 방울

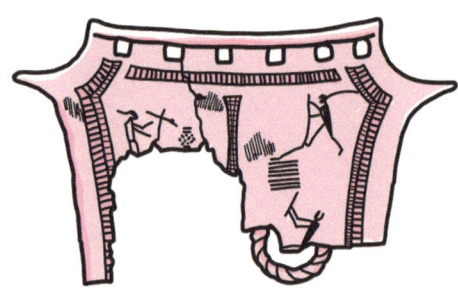

농경문 청동기
농사짓는 모습과 나뭇가지 위에 앉은 새 등이 새겨져 있어.

반달 돌칼
돌을 갈아 반달 모양으로
만든 농사 도구
곡식 이삭을 자르는 데 사용

민무늬 토기
무늬가 없는 토기

청동기 시대에는 조, 수수, 보리 등을 재배했고, 벼농사를 짓기 시작했어. 사람들은 반달 돌칼 등으로 곡식을 거두었고, 민무늬 토기 등에 곡식을 조리하고 저장했어. 돼지, 소, 말 같은 가축도 전보다 많이 길렀지.

그전보다 농경과 목축이 발달하면서 빈부 차이가 생겼고, 계급이 나뉘었어. 재산이 많고 힘 있는 사람이 군장(족장)이 되어 부족을 다스리고 제사를 이끌었지. 이런 사회를 제정일치 사회라고 해. 지배층이 죽으면 고인돌이나 돌널무덤을 만들어 묻었어.

이 시기에는 식량을 빼앗고, 더 좋은 땅을 차지하려고 부족들 사이에 전쟁을 벌이기도 했어. 사람들은 농사짓기 좋은 강가나 낮은 언덕에 마을을 이루며 살았는데, 전쟁에 대비해 마을 주변에는 울타리를 치거나 도랑 같은 방어 시설을 만들기도 했지.

지배 계급의 상징, 고인돌

고인돌은 청동기 시대 지배자의 무덤이야. 고인돌을 만들려면 많은 사람을 동원해야 했어. 따라서 재산이 많고 권력이 센 지배자들만 만들 수 있었지. 우리나라에서 고인돌로 이름난 곳은 전북 고창, 전남 화순, 인천 강화야. 전 세계 고인돌의 약 40퍼센트가 한반도에 있어.

탁자식 고인돌

바둑판식 고인돌

선사 시대 사람들의 삶과 마음이 담긴 울산 반구대 바위그림

선사 시대 사람들은 바위와 여러 유물에 생활 모습과 소망을 그림으로 새겨 넣었어. 이 가운데 대표적인 것이 울산 반구대 바위그림이야. 반구대에는 고래, 호랑이, 멧돼지 그림 등이 200개 넘게 새겨져 있고, 사냥하거나 고래를 잡는 그림도 많이 있어. 이 그림들은 신석기 시대에서 청동기 시대에 걸쳐 새겨졌는데, 그때 사람들의 생활 모습, 사냥이나 고래잡이가 잘되기를 바라는 마음을 담고 있어.

고래 잡게 해 주세요, 제발!

퀴즈

1. 구석기 시대 사람들은 어디에서 살았을까?

2. 구석기 시대에 돌의 양쪽 면을 깨뜨리고 다듬어 만든 만능 도구는 무엇일까?

3. 사람들이 정착 생활을 하기 시작한 시대와 이때 사용한 도구들을 말해 보자.

4. 신석기 시대의 대표적인 토기로, 빗금이 연달아 새겨진 이 토기 이름은 무엇일까?

5. 청동기 시대에 농경과 목축이 발달하면서 나타난 가장 큰 변화는 무엇일까?

6. 청동기 시대 유물로, 곡식 이삭을 자르는 데 쓰인 도구는 무엇일까?

7. 청동기 시대에 만든 지배층의 무덤은 무엇일까?

정답

1. 동굴이나 바위 그늘, 강가에 막집을 짓고 살았다.

2. 주먹도끼

3. 정착 생활을 하기 시작한 시대는 신석기 시대이며, 이때는 돌낫, 돌보습, 갈판과 갈돌, 가락바퀴, 뼈바늘 등의 간석기와 빗살무늬 토기, 민무늬 토기 등을 사용했다.

4. 빗살무늬 토기

5. 사람들 사이에 빈부 차이가 생겼고, 계급이 나뉘었다.

6. 반달 돌칼

7. 고인돌

비법노트 2장

우리 역사에 가장 처음 세워진 나라, 고조선

기원전 24세기~기원전 2세기

한반도와 주변 지역에서는 청동기 문화를 가진 부족이 나타났어. 청동기 문화를 바탕으로 우리 역사상 최초의 국가인 고조선이 세워졌지.

'옛 조선'이라는 뜻이야. 고조선의 원래 이름은 '조선'이었어.

고조선 건국

『삼국유사』에 실린 고조선 건국 이야기를 보면, 고조선이 어떤 나라였는지 짐작할 수 있지.

> 『동국통감』에 따르면 고조선은 기원전 2333년에 세워졌대.

> 기원은 역사의 햇수를 세는 기준이 되는 해로, 0년이 기준이야.

> 『삼국유사』
> 고려 시대에 승려 일연이 쓴 역사책으로, 고조선부터 후삼국까지 다룸

> 『동국통감』
> 조선 시대에 서거정 등이 고조선부터 고려까지의 역사를 정리해 만든 책

고조선 건국 이야기, 단군 신화

옛날 하늘나라 신인 환인의 아들, 환웅은 사람이 사는 세상을 내려다보며 그곳을 직접 다스리고 싶어 했어.

① 환웅은 바람, 비, 구름을 다스리는 신하와 3000명의 무리를 이끌고 태백산(지금의 묘향산 추정)에 내려와 세상을 다스렸어.

> 농사를 지으며 살았어.

② 어느 날, 곰과 호랑이가 환웅을 찾아와 사람이 되게 해 달라고 빌었어. 환웅은 쑥과 마늘을 주면서, 동굴에서 이것을 먹으며 100일 동안 햇빛을 보지 않으면 사람이 될 거라고 말했지. 호랑이는 이를 견디지 못하고 뛰쳐나가 사람이 되지 못했지만, 곰은 잘 참아 여자로 바뀌어 웅녀가 되었어.

> 곰, 호랑이 등 동물을 섬기는 신앙이 있었어. 곰을 섬기는 부족과 호랑이를 섬기는 부족이 환웅 부족과 함께하고 싶어 했지.

③ 웅녀는 환웅과 결혼해 아들을 낳았고, 그 아들이 나중에 단군왕검이 되었어.

곰을 섬기는 부족이 환웅 부족과 연합했어.

④ 단군왕검은 아사달(지금의 구월산 근처)을 도읍으로 정하고, 고조선을 세웠어.

제정일치 사회였어. 단군은 하늘에 제사 지내는 제사장, 왕검은 정치적 지도자라는 뜻이야. 고조선은 지배자가 제사와 정치를 모두 맡아 백성을 다스리는 제정일치 사회라는 것을 알 수 있지.

고조선의 발전

고조선은 랴오닝 지방에서 농사를 지으며 우수한 청동기 문화를 이루었고, 이를 바탕으로 다른 부족을 합치거나 무너뜨리면서 세력을 넓혔어. 기원전 5~4세기 무렵 철기 문화가 들어왔고, 기원전 2세기에는 중국 연에서 내려온 위만이 고조선 준왕을 몰아내고 왕이 되었어. 위만이 철기 문화를 적극적으로 받아들이면서 농업이 발전하고 세력이 커졌지. 고조선은 중국의 한과 한반도 남쪽 나라들 사이에서 중계 무역을 하며 경제적으로 큰 이익을 얻었어. 고조선 문화가 얼마나 넓게 퍼졌는지는 고조선을 대표하는 문화유산인 비파형 동검, 미송리식 토기, 탁자식 고인돌이 발견되는 지역을 보면 알 수 있지.

> **세기**
> 100년을 1세기로 해 연대를 세는 단위

> **중계 무역**
> A국에서 사들인 물건을 B국에 좀 더 비싸게 팔아 차익을 얻는 무역

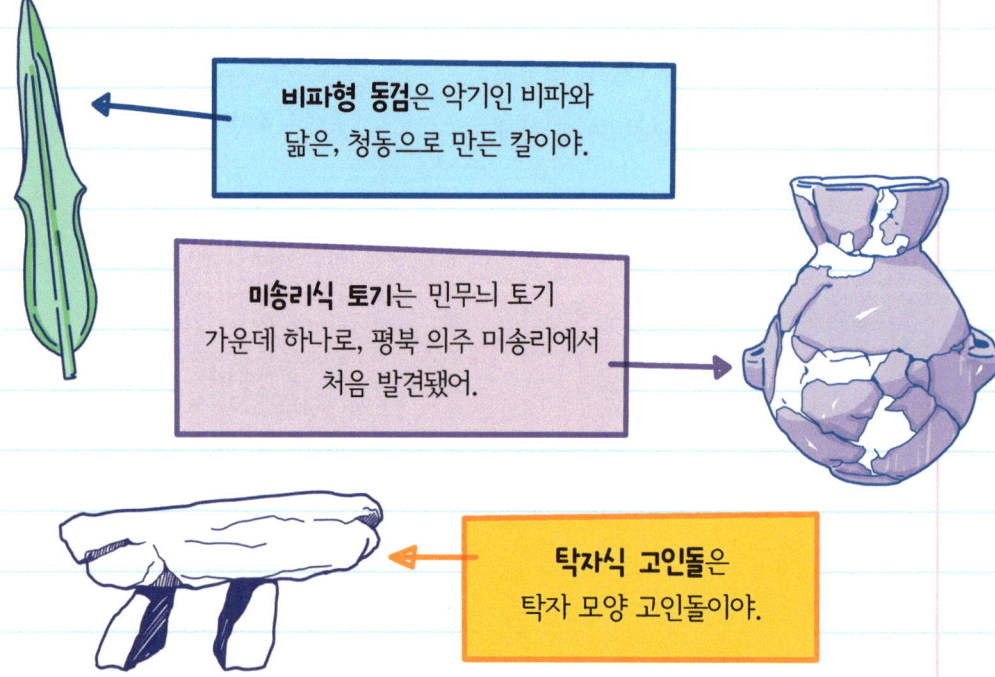

비파형 동검은 악기인 비파와 닮은, 청동으로 만든 칼이야.

미송리식 토기는 민무늬 토기 가운데 하나로, 평북 의주 미송리에서 처음 발견됐어.

탁자식 고인돌은 탁자 모양 고인돌이야.

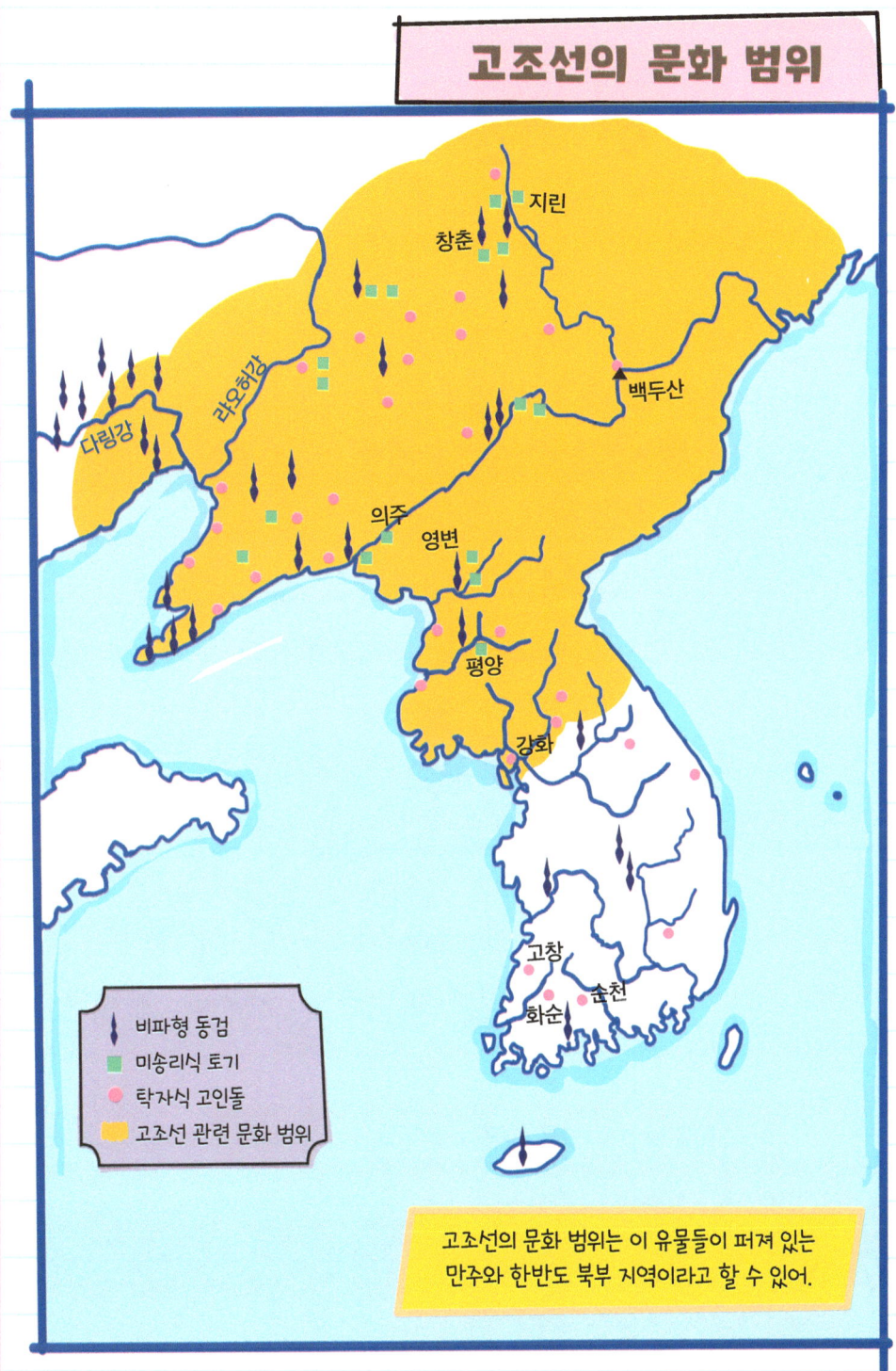

고조선 법으로 알 수 있는

고조선 사회는 지배하는 사람과 지배받는 사람으로 나뉜 계급 사회였어. 지배층은 관직을 맡았고, 법을 만들어 사회 질서를 세우려고 했어. 당시 만들어진 법 조항은 8개였지만 지금은 3개만 전해지고 있지. '8조법'이라고 불러.

이웃 사람을 죽인 벌로 사형에 처한다!

남을 죽인 사람은 사형에 처한다.

→ 법이 엄격했어.

사람들의 생활 모습

남을 다치게 한 사람은 곡식으로 갚는다.

개인의 재산을 인정했고, 농사를 지었어.

저 사람의 다리가 부러졌으니, 쌀로 갚아라!

식량을 훔쳤으니, 그 집 노비가 되어 일을 해 주어라!

남의 물건을 훔친 사람은 노비로 삼는다. 노비가 되지 않으려면 50만 전을 내야 한다.

신분 제도가 있었고, 화폐를 사용했어.

한의 침입으로 멸망한 고조선

기원전 109년, 중국의 **한**이 대규모 군대를 이끌고 고조선에 쳐들어왔어. 고조선은 한에 맞서 끈질기게 싸웠어. 하지만 지배층이 서로 갈라지고 수도였던 왕검성을 빼앗기면서 기원전 108년에 멸망하고 말았어. 그 뒤 한은 고조선의 옛 땅에 군현을 두고 다스리려고 했어. 고조선 **유민**들은 이에 맞서 싸웠지. 또 일부는 남쪽으로 내려가 살면서 남한 사회가 발전하는 데에 영향을 주었어. 그러면서 한 군현은 사라져 갔어.

> **한**
> 중국에서 기원전 202년 유방이 세운 나라

> **유민**
> 전쟁이나 굶주림 등으로 고향을 떠나 이곳저곳 떠돌아다니는 사람들

1. 고조선 건국 이야기에서 알 수 있는 것끼리 연결해 보자.

   ① 환웅이 바람, 비, 구름을 다스리는 신하와 3000명을 이끌고 내려와 세상을 다스렸다.   •   • ㉮ 곰을 섬기는 부족이 환웅 부족과 연합했다.

   ② 곰과 호랑이가 환웅을 찾아와 사람이 되게 해 달라고 빌었다.   •   • ㉯ 곰, 호랑이 등 동물을 섬기는 신앙이 있었다.

   ③ 사람이 된 웅녀는 환웅과 결혼했다.   •   • ㉰ 농사를 지으며 살았다.

2. 단군왕검의 뜻과 이를 통해 알 수 있는 고조선 사회의 특징은 무엇일까?

3. 고조선 8조법을 통해 알 수 있는 고조선의 생활 모습을 써 보자.

4. 고조선에 대한 설명 가운데 잘못된 것을 찾아 바르게 고쳐 보자.

   > 고조선은 우수한 철기 문화를 바탕으로 농사를 지으며 발전했다. 기원전 2세기에 왕이 된 위만은 청동기 문화를 적극적으로 받아들였다.

정답

1. ① 환웅이 바람, 비, 구름을 다스리는 신하와 3000명의 무리를 이끌고 내려와 세상을 다스렸다. — ㉯ 곰, 호랑이 등 동물을 섬기는 신앙이 있었다.
   ② 곰과 호랑이가 환웅을 찾아와 사람이 되게 해 달라고 빌었다. — ㉰ 농사를 지으며 살았다.
   ③ 사람이 된 웅녀는 환웅과 결혼했다. — ㉮ 곰을 섬기는 부족이 환웅 부족과 연합했다.

2. 단군은 하늘에 제사 지내는 제사장, 왕검은 정치적 지도자라는 뜻이다. 고조선은 지배자가 제사와 정치를 모두 맡아 백성을 다스리는 제정일치 사회라는 걸 알 수 있다.

3. 법이 엄격했다. 개인의 재산을 인정했고, 농사를 지었다. 또 신분 제도가 있었고, 화폐를 사용했다는 걸 알 수 있다.

4. 첫 줄의 철기 문화 → 청동기 문화, 둘째 줄의 청동기 문화 → 철기 문화

비법노트 **3**장

철기 문화를 바탕으로 발전한 여러 나라

기원전 1세기

철기는 기원전 1세기에 한반도 남쪽 곳곳으로 퍼졌어. 철은 청동보다 단단하고 구하기도 쉬워 여러 가지 농기구와 무기를 만들어 쓸 수 있었어. 철제 농기구로 농사를 지으면서 농산물을 더 많이 거두게 되었고, 철기를 이용해 힘을 키운 부족은 철제 무기로 전쟁을 벌여 주변 부족을 타지하며 영역을 넓혔어. 그러면서 부여, 고구려, 옥저, 동예, 삼한 등 여러 나라가 세워진 거야.

청동으로는 주로 장식품이나 제사 지내는 도구를 만들어 썼어.

부여

부여는 만주 쑹화강 주변에 자리 잡고 발전했어. 평야가 넓어서 농사가 잘되고 목축도 발달했어. 왕 아래에는 마가, 우가, 저가, 구가 같은 관리들이 있었어. 왕은 중앙을 직접 다스렸고, 여러 '가'들은 저마다 자기 지역을 다스렸어. 왕의 힘이 약해서 흉년이 들거나 하면 왕이 물러나거나 죽임을 당하기도 했지.

부여에는 왕이나 귀족이 죽으면 껴묻거리와 함께 신하, 노비 등을 묻는 순장이라는 풍습이 있었어. 해마다 12월에는 영고라는 제천 행사를 열었지. 또한 고조선처럼 엄격한 법도 있었어.

껴묻거리
무덤 안에 시신과 함께 묻는 물건을 통틀어 이르는 말

제천 행사
'하늘에 제사를 지내는 행사'라는 뜻. 이때 사람들은 농사가 잘되기를 기원하고, 노래 부르고 춤추며 즐겁게 지냄

엄격한 부여의 법

- 사람을 죽인 사람은 사형하고, 그 가족은 노비로 삼는다.
- 남의 물건을 훔치면, 그 물건의 열두 배를 갚게 한다.
- 간음한 사람이나 투기가 심한 부인은 사형한다.

고구려

고구려는 기원전 37년, 부여에서 내려온 주몽 세력이 압록강 유역에서 살던 토착 세력과 함께 졸본에 세운 나라야. 졸본에는 산이 많아 농사짓기가 힘들었어. 그래서 고구려 사람들은 전쟁을 벌여 주변의 작은 나라들을 차지하면서 영토를 넓혀 갔지.

> **토착 세력**
> 대를 이어 그 땅에서 살고 있던 세력

고구려는 정복 전쟁을 많이 벌였기 때문에 활쏘기와 말타기, 무예를 중요하게 여겼어. 서옥제라는 결혼 풍습이 있었고, 10월에 동맹이라는 제천 행사를 열었어. 초기 고구려는 5개 부족이 함께 나라를 다스렸어. 왕과 부족 대표들은 제가 회의를 통해 나라의 중요한 일을 결정했지.

> 여러 '가'가 모인 회의라는 뜻이야.

> **서옥제**
> 신랑이 신부 집 뒤에 지은 서옥(사위를 살게 한 집)에서 아이를 낳고 살다가 아이가 크면 신랑 집으로 가서 사는 풍습

옥저

옥저는 함경도 동해안 지역에 자리 잡고 커 나갔어. 옥저에는 왕이 없는 대신 읍군, 삼로라고 하는 군장이 각 지역을 다스렸어. 옥저는 땅이 기름져 농사가 잘됐고, 해산물과 소금도 많이 났어. 하지만 지리적으로 한반도 동쪽에 치우쳐 있어서 발달한 문물을 빨리 받아들이기 어려웠어. 그래서 고구려의 간섭을 받으며 지내다 결국 고구려에 멸망했지. 옥저에는 민며느리제라는 결혼 풍습이 있었고, 가족 공동 무덤을 만드는 풍습이 있었어.

> **군장**
> 부족을 이끄는 우두머리

민며느리제는 신랑 집이 결혼을 약속한 여자아이를 데려와 기르다 크면 신부 집에 예물을 주고 결혼을 시킨 풍습이야.

가족 공동 무덤은 가족이 죽으면 시체를 임시로 묻었다가 나중에 그 뼈를 추려서 커다란 목곽(나무로 만든 시설)에 두었던 풍습이야. 목곽 입구에는 죽은 사람이 먹을 양식인 쌀을 담은 항아리를 매달아 놓기도 했지.

동예

동예는 옥저 아래 강원도 동해안에 자리 잡은 나라였어. 옥저와 비슷한 점이 많았는데, 동예도 농사가 잘되고 해산물이 풍부했어. 또 왕 없이 읍군, 삼로라는 군장이 각 지역을 다스린 것도 비슷해. 동예 또한 고구려의 간섭을 받다가 고구려에 멸망했지. 동예는 단궁, 과하마, 반어피 같은 특산물이 많이 났어. 또 족외혼과 책화라는 풍습이 있었어. 10월에는 무천이라는 제천 행사를 열었어.

> **족외혼**
> 같은 씨족끼리 혼인하지 않는 풍습

동예의 특산물인 반어피는 바다표범 가죽을 말해. 단궁은 박달나무로 만든 작은 활을, 과하마는 사람을 태우고 과일나무 아래를 지나갈 수 있을 정도로 작은 말을 가리켜.

책화는 경계를 넘어 다른 부족 땅에 들어가면 그 죗값으로 노비나 소, 말 등을 주는 풍습이야.

삼한

삼한은 한반도 남부 지역에서 발전한 마한, 진한, 변한을 말해. 이 나라들은 고조선 유민들이 전한 우수한 철기 문화를 바탕으로 작은 나라들을 연합해 각 나라를 세웠어. 신지, 읍차라고 부르는 군장이 다스렸지. 이들 가운데 마한에 있던 목지국의 지배자가 가장 힘이 세서 삼한을 이끌었어.

삼한에서는 벼농사를 많이 지었고, 농사가 시작되고 끝나는 5월과 10월에는 하늘에 제사를 지냈어.

삼한은 다른 나라들과 달리 천군이라는 제사장이 소도라는 신성한 지역을 다스리며 제사를 이끌었어. 제사를 이끄는 제사장과 나라를 다스리는 지배자가 다른 제정 분리 사회였던 거야.

삼한 가운데 변한에서는 철이 많이 나서 화폐로 쓰거나 낙랑이나 왜(일본)에 수출하기도 했어.

시간이 지나면서 마한은 백제에, 진한은 신라에 통합되었고 변한은 가야 연맹으로 발전했지.

옛날에 이렇게 많은 나라가 한반도에 있었다니 신기해.

삼한의 성스러운 곳, 소도

삼한에서는 신에게 제사를 지내는 소도를 성스럽게 여겨 죄지은 사람이 도망쳐 들어가도 잡아가지 못했어. 소도에는 큰 나무를 세우고 방울과 북을 매달아 놓아 다른 지역과 구별했어. 여기서 솟대가 유래되었지.

솟대는 긴 막대기 위에 새 모양 장식을 단 상징물이야. 옛날 사람들은 마을 입구에 솟대를 세워 마을의 경계로 삼기도 하고, 마을을 지키는 수호신으로 여기기도 했어.

철기 문화를 바탕으로 발전한 여러 나라

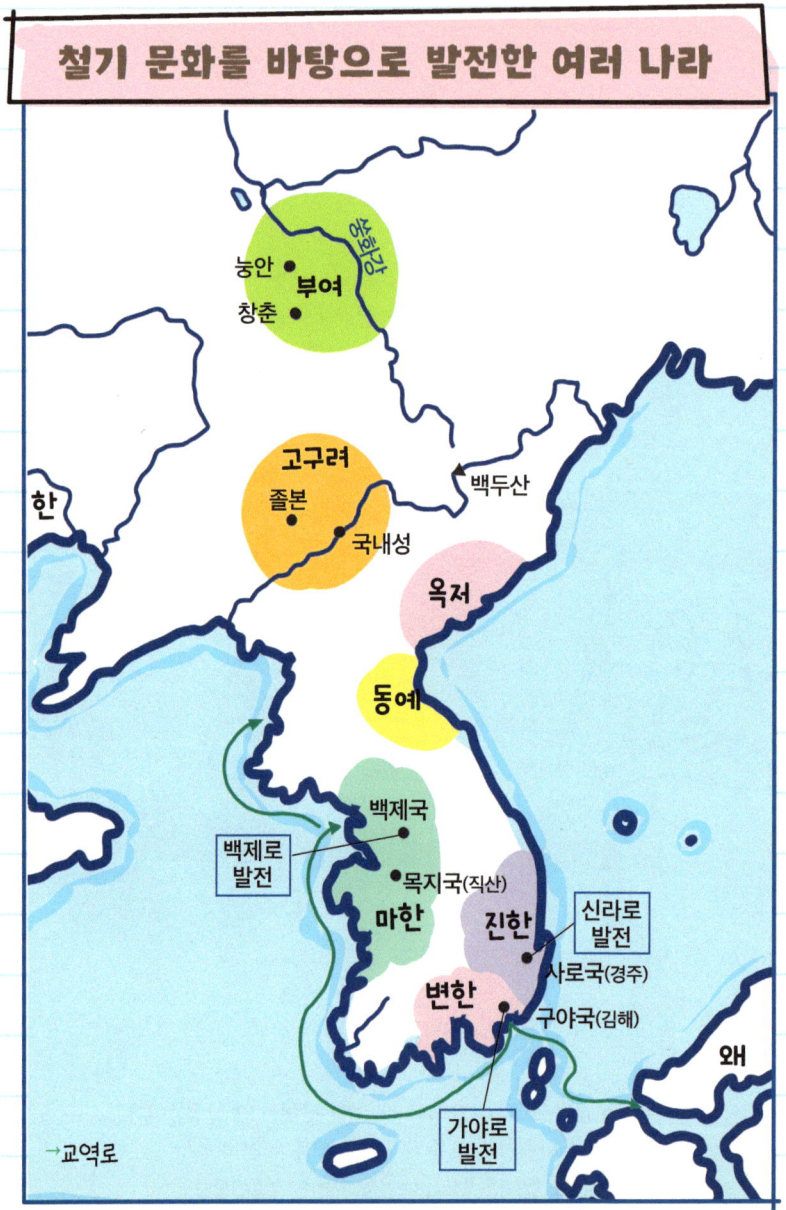

- 부여: 왕과 마가, 우가, 저가, 구가/ 농경, 목축/ 엄격한 법, 순장/ 12월 영고
- 고구려: 왕, 제가 회의/ 무예/ 서옥제/ 10월 동맹
- 옥저: 군장(읍군, 삼로)/ 농경, 해산물/ 민며느리제, 가족 공동 무덤
- 동예: 군장(읍군, 삼로)/ 농경, 해산물/ 족외혼, 책화/ 10월 무천
- 삼한: 군장(신지, 읍차), 제사장(천군), 소도, 제정 분리/ 벼농사, 철 수출/ 5월, 10월 계절제

퀴즈

1. 철기를 사용하게 되면서 여러 나라가 생겨난 까닭은 무엇일까?

2. 다음 빈칸에 알맞은 말을 넣어 보자.
   (1) 부여는 _____ 주변에 세워졌다. 왕이 중앙을 다스리고 마가, 우가, 저가, 구가 등이 각기 지역을 다스렸다.
   (2) 부여에서 내려온 주몽 세력이 졸본 지역에 살던 토착 세력과 연합해 _____ 를 세웠다.
   (3) 고구려에는 _____, 옥저에는 _____ 라는 독특한 혼인 풍습이 있었다.

3. 동예의 특산품 세 가지를 말해 보자.

4. 부여, 고구려, 동예, 삼한의 제천 행사는 각각 무엇일까?

5. 다음 풍습을 가진 나라들을 써 보자.
   (1) 엄격한 법과 순장이라는 풍습이 있었다.
   (2) 활쏘기, 말타기 등 무예를 중요하게 여겼다.
   (3) 소금과 해산물이 풍부하고, 가족 공동 무덤이 있었다.
   (4) 경계를 넘어 다른 부족으로 넘어가면 그 대가로 노비, 소, 말 등을 주는 책화라는 풍습이 있었다.
   (5) 천군이 소도라는 지역을 다스리며 제사를 이끌었다.

41

정답

1. 철제 농기구로 농사를 지으면서 농산물을 더 많이 거두게 되었고, 철기를 이용해 힘을 키운 부족은 철제 무기로 전쟁을 벌여 주변 부족을 타지하며 영역을 넓혔다. 그 결과 여러 나라가 생겨났다.

2. (1) 만주 쑹화강
   (2) 고구려
   (3) 서옥제, 민며느리제

3. 단궁, 과하마, 반어피

4. 부여: 영고, 고구려: 동맹, 동예: 무천, 삼한: 5월과 10월 계절제

5. (1) 부여 (2) 고구려 (3) 옥저 (4) 동예 (5) 삼한

삼국 시대

기원전 1세기부터 기원후 7세기까지

기원전 1세기 무렵 만주와 한반도에서는 고구려, 백제, 신라가 세워졌어. 세 나라는 서로 경쟁하며 한강 유역을 놓고 치열하게 싸웠지. 최후의 승자가 돼 삼국 통일의 발판을 마련한 나라는 어디일까?

비법노트 **4**장

동북아시아의 강국, 고구려

기원전 1세기~기원후 5세기

주몽이 세운 고구려는 노우림왕 때 왕을 중심으로 한 중앙 집권 체제를 굳게 다졌어. 이를 바탕으로 광개토 대왕이 **요동** 지역을 차지하는 등 영토를 크게 넓혔어. 장수왕은 평양으로 수도를 옮겼어. 남쪽으로 영토를 넓히기도 했지.

고구려는 동북아시아의 강한 나라로 이름을 떨치며 전성기를 누렸지. 이를 자랑스럽게 여긴 고구려 사람들은 스스로를 천하의 중심이라고 생각했어.

> **요동**
> 중국 요하(랴오허강)를 기준으로 동쪽 지역을 가리킴. 서쪽 지역은 요서

성장과 위기

고구려는 기원전 37년, 부여를 떠난 주몽이 졸본에 세운 나라야. 1세기 초에 국내성(중국 지린성 지안)으로 수도를 옮겼어. 이때부터 주변 지역들을 차지하고 한이 세운 군현과 싸우면서 세력을 넓혔어. 태조왕 때는 옥저를 차지해 동해안으로 나아갔어. 아울러 요동 지역으로도 세력을 넓히려 했지.
고국천왕 때는 수도와 지방을 5부(동부, 서부, 북부, 남부, 중부)로 나누고, 지방에 관리를 보내 다스렸어. 또한 진대법을 실시해 가난한 사람들을 도왔어. 미천왕 때는 **낙랑군**을 몰아내는 등 영토를 넓혔지.
하지만 고국원왕 때는 중국 전연의 침략으로 국내성을 빼앗기고, 백제와 싸우다 왕이 죽는 등 위기를 겪기도 했어.

> **낙랑군**
> 중국 한이 고조선을 멸망시킨 뒤 고조선의 옛 땅에 둔 행정 조직 가운데 하나

> **주몽 신화**
> 주몽은 하늘의 신 해모수와 물의 신 하백의 딸 유화 사이에서 알로 태어났어. 외모와 재주가 뛰어났는데, 특히 활을 잘 쏴 '주몽'이라고 불렸지. 주몽의 어머니를 돌보던 부여 금와왕의 아들들이 주몽을 시기해 죽이려 하자, 어머니는 주몽이 기르던 가장 좋은 말을 타고 도망가게 했어. 큰 강에 이르러 죽을 위기에 처한 주몽이 하늘을 향해 하늘과 물의 신의 자손이라고 밝히니 자라와 물고기가 다리를 만들어 주었어. 강을 무사히 건넌 주몽은 졸본에 이르러 고구려를 세웠다고 해.

가난한 백성을 도운 진대법

진대법은 봄에 곡식을 빌려주고 가을에 갚게 한 제도야.
고국천왕에게 진대법을 제안한 사람은 고구려 국상(최고의 벼슬)이었던 을파소야. 진대법을 실시하기 전에는 농민들이 귀족들에게 빌린 곡식을 갚지 못해 노비가 되는 일이 많았어. 나중에 갚아야 할 이자가 훨씬 많았거든. 194년, 진대법을 실시하면서 이를 막을 수 있게 되었지.
진대법을 실시할 수 있었던 것은 국가가 가난한 사람들을 도울 수 있을 만큼 농업 생산력이 높아졌기 때문이야.

중앙 집권 체제 마련

4세기 중반, 어지러운 상황에서 왕위에 오른 소수림왕은 나라의 꼴을 갖추는 데 힘썼어. 불교를 받아들여 사람들 마음을 하나로 모으고 왕실의 권위를 높였어. 한편으로는 태학을 세워 인재를 기르고, 율령을 반포해 법률로 나라를 다스렸어. 그러면서 고구려는 왕이 중심이 되어 나라를 다스리는 중앙 집권 국가로 자리 잡게 되었지.

※ 세상에 널리 퍼뜨려 모두 알게 한다는 뜻이야.

율령
'율'은 여러 범죄에 대한 처벌 법규,
'령'은 제도와 행정에 대한 법규

태학
372년에 세운 고구려 교육 기관.
귀족 아들들이 유교 경전을 익히거나 무예를 닦음

중앙 집권 국가로 자라난 삼국

고구려, 백제, 신라는 여러 지역 세력을 하나로 모아 **연맹**을 결성한 나라에서 출발했어. 왕의 힘이 점점 세져 나라의 체제를 바로잡으면서 왕 중심인 중앙 집권 국가로 성장했지.

> 연맹은 같은 목적을 위해 서로 돕고 함께 행동하기로 약속하여 맺는 것

중앙 집권 국가 특징

왕권 강화
아들에게 왕위를 물려줌

율령 반포
왕을 중심으로 하는 통치 제도와 법률을 만들어 넓은 영토와 백성을 다스림

관등제 마련
군장을 중앙 귀족으로 삼고, 관리의 등급을 매겨 왕 아래에 둠

지방관 파견
지방 제도를 정비하고 지방관을 보내 왕이 전국을 다스림

영토 확장
정복 전쟁을 활발히 벌이며 영토를 넓힘

불교 수용
불교를 받아들여 사람들 마음을 모으고, 왕실의 권위를 높임

영토 확장과 전성기

4세기 말, 광개토 대왕은 영토를 넓히는 데 온 힘을 쏟았어. 먼저 백제에 쳐들어가 한강 이북 지역을 차지했어. 신라를 도와 왜군을 몰아내고, 낙동강 하류까지 나아갔어. 이 때문에 전기 가야 연맹을 이끌었던 금관가야가 큰 피해를 당하기도 했지. 또한 만주와 요동 지역 대부분을 차지하며 북쪽으로도 영토를 넓혔어.

광개토 대왕은 '영락(영원한 즐거움이라는 뜻)'이라는 연호를 쓰며 중국과 견줄 수 있는 강한 나라를 만들었어.

광개토 대왕의 뒤를 이은 장수왕은 중국 여러 나라와 외교 관계를 맺어 나라를 안정시켰어. 427년에는 수도를 평양으로 옮겨 왕권을 강화하고, 남진 정책을 펼쳤어. 북쪽에 있던 나라들과는 친하게 지내며 남쪽으로 영역을 넓히는 데 힘쓴 거야.

> 연호는 왕이 되면서부터 물러날 때까지 연도 앞에 붙이는 말이야. 우리나라는 대부분 중국 연호를 썼지만, 나라의 힘이 클 때는 스스로 지은 연호를 쓰며 자부심을 드러냈어.

5세기 고구려의 전성기

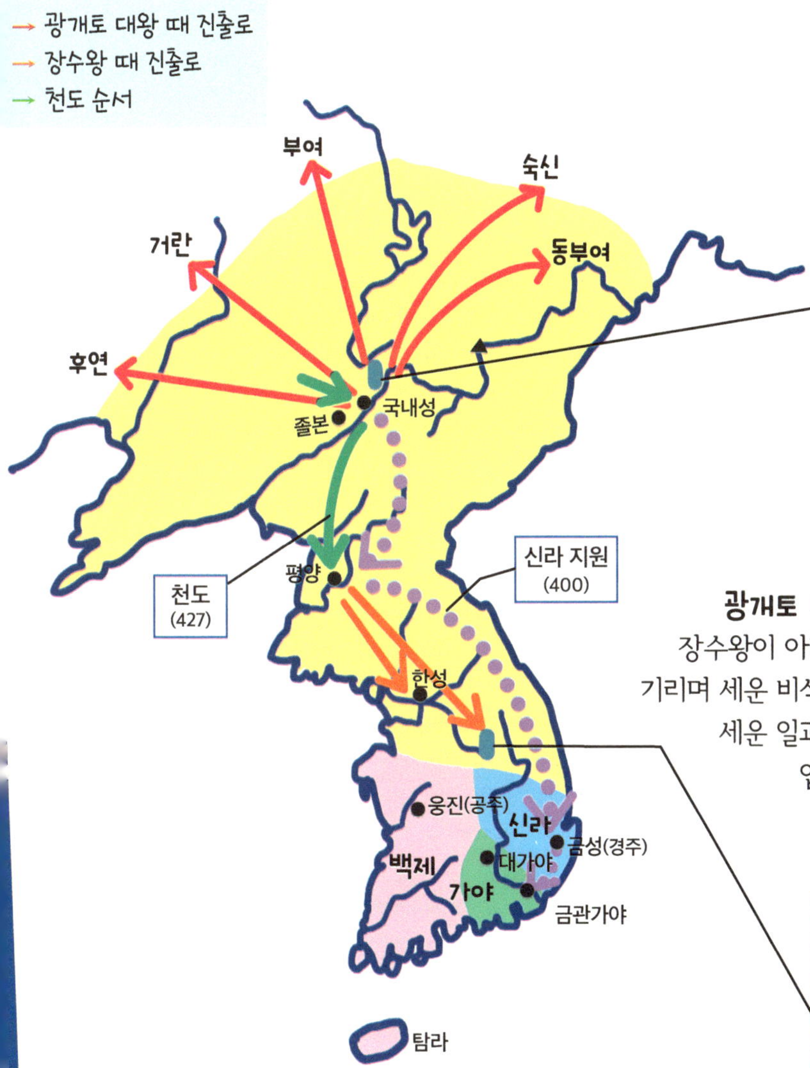

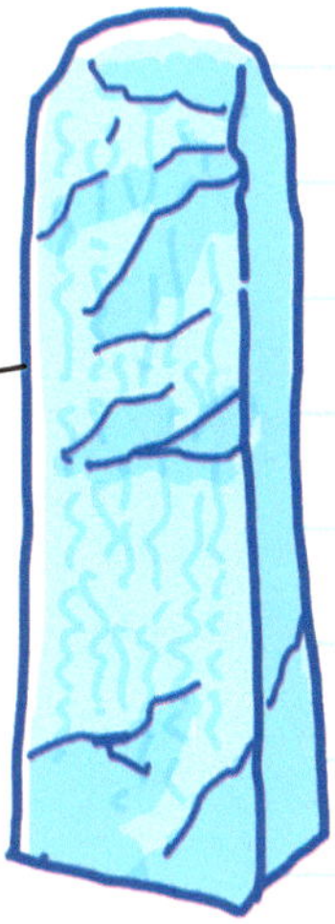

→ 광개토 대왕 때 진출로
→ 장수왕 때 진출로
→ 천도 순서

광개토 대왕릉비(중국 지린성)
장수왕이 아버지인 광개토 대왕을 기리며 세운 비석으로, 주몽이 나라를 세운 일과 광개토 대왕이 이룬 업적 등이 새겨져 있어.

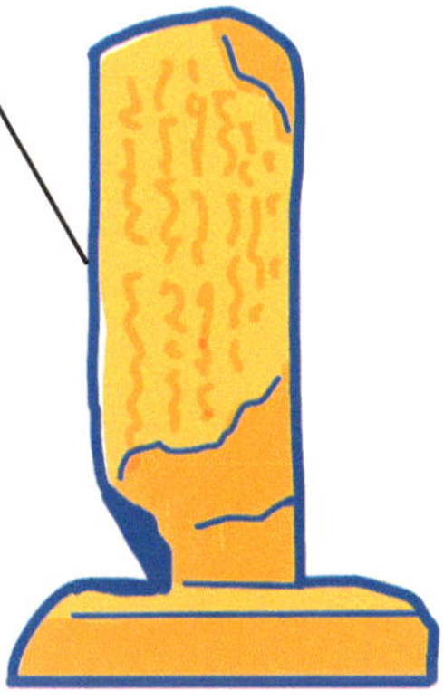

충주 고구려비(충북 충주)
장수왕이 이룬 업적을 새긴 비석으로, 고구려가 남한강 유역까지 영토를 넓혔다는 것을 알려 주지.

고구려의 영토 확장에 위협을 느낀 백제와 신라는 433년에 **나제 동맹**을 맺어 맞섰어. 하지만 결국 475년, 장수왕이 백제 수도 한성을 무너뜨리고 **한강 유역을 모두 차지**했지. 이처럼 고구려는 5세기 무렵, 한반도 동부 지방에서 만주 지역까지 영토를 넓혀 동북아시아의 강한 나라로 자리 잡으며 **전성기**를 누렸어.

> **전성기**
> 힘이 가장 세던 시기

> **나제 동맹**은 신라와 백제가 고구려에 맞서 싸우기 위해 맺은 군사 동맹이야. 백제 성왕이 신라군에게 죽임을 당하면서 깨졌어.

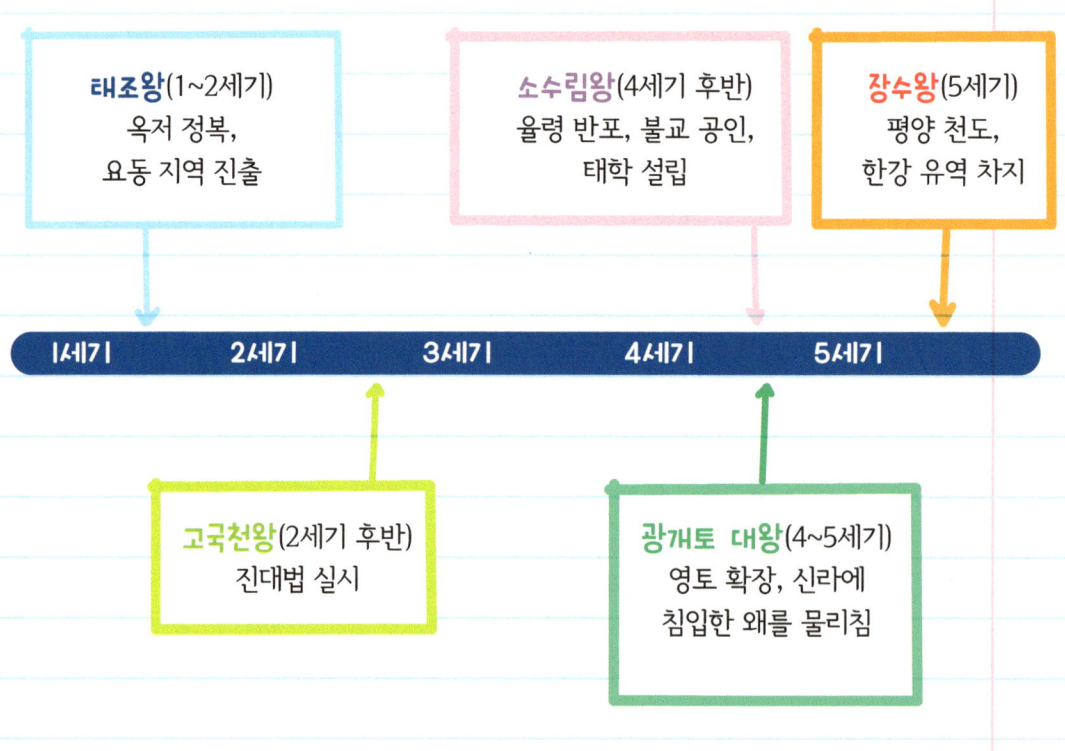

퀴즈

1. 옥저를 차지해 동해안까지 영토를 넓힌 왕은 누구일까?

2. 고국천왕이 가난한 백성을 돕기 위해 실시한 제도와 그 내용을 써 보자.

3. 다음 중 소수림왕이 한 일이 아닌 것을 골라 보자.
   ① 불교를 받아들임 ② 태학을 세움
   ③ 율령을 반포함 ④ 낙랑군을 몰아냄

4. 중앙 집권 국가가 갖는 특징들을 써 보자.

5. 신라를 도와 왜군을 몰아내고, '영락'이라는 연호를 쓴 왕은 누구일까?

6. 장수왕의 업적을 말해 보자.

7. 고구려 수도가 바뀐 순서대로 써 보자.

정답

1. 태조왕

2. 진대법. 봄에 곡식을 빌려주고 가을에 갚게 한 제도다.

3. ④. ④는 미천왕의 업적

4. 왕권 강화, 영토 확장, 불교 수용, 율령 반포, 관등제 마련, 지방관 파견

5. 광개토 대왕

6. 중국 여러 나라와 외교 관계를 맺어 나라를 안정시켰다. 수도를 평양으로 옮겨 왕권을 강화하고, 남진 정책을 펼쳤다.

7. 졸본 → 국내성 → 평양

빠른 성장을 이룬 백제

기원전 1세기~기원후 6세기

백제는 기원전 18년에 세워져 4세기 근초고왕 때 전성기를 이루었어. 5세기에 고구려와 싸우며 위기를 겪었지만, 무령왕은 백제를 다시 일으킬 발판을 마련했어. 뒤를 이은 성왕도 나라의 체제를 바로잡고 빼앗긴 한강 유역을 되찾기 위해 힘썼어.

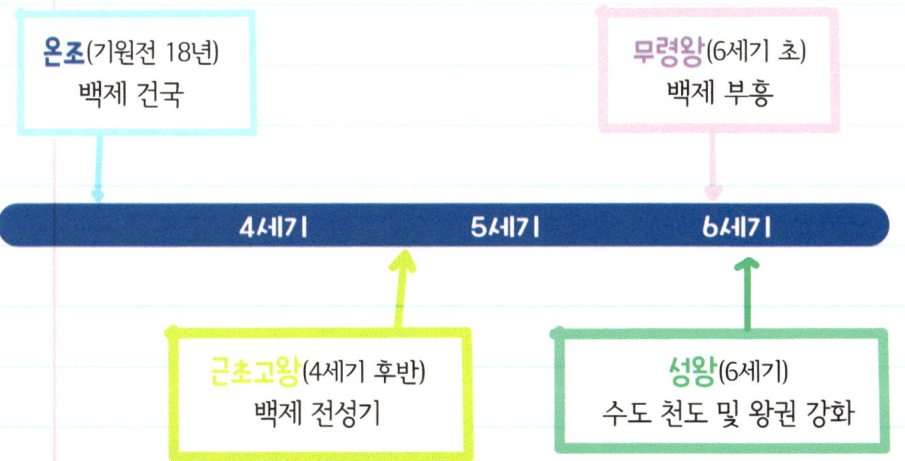

온조(기원전 18년) 백제 건국

무령왕(6세기 초) 백제 부흥

4세기 · 5세기 · 6세기

근초고왕(4세기 후반) 백제 전성기

성왕(6세기) 수도 천도 및 왕권 강화

한강 유역에서 성장

기원전 18년, 고구려에서 내려온 온조 세력이 한강 유역에 살던 토착 세력과 함께 백제를 세웠어. 백제 수도인 위례성(한성, 지금의 서울)은 한강 유역에 자리 잡은 덕분에 농사가 잘되었어. 또한 교통이 편리해 중국에서 발달한 문물을 일찍 받아들일 수 있었어. 백제는 주변 작은 나라들을 차지하며 빠르게 커 나갔지.

3세기 중반 고이왕은 관리의 등급을 나누고, 등급에 따라 관복 색깔을 정했어. 아울러 법령을 정비하고, 마한의 작은 나라들을 차지하며 영토를 넓혔어. 중앙 집권 국가로 발전할 수 있는 기반을 다진 거야.

> **관복**
> 옛날에 관리가 나랏일을 하는 공적인 자리에서 입었던 옷

관리들이 등급에 따라 관복 색깔을 다르게 입는 것을 '공복제'라고 해.
백제는 옷 색깔을 세 가지로 나누었어.
제2등에서 제6등까지 솔계 관등은 자주색, 제7등에서 제11등까지 덕계 관등은 붉은색, 제12등에서 제16등까지 관등은 푸른색 옷을 입게 했어. '3색 공복제'라고 부르기도 하지.

부여와 고구려에 뿌리를 둔 백제

부여에서 내려온 주몽이 고구려를 세우고, 고구려에서 내려온 온조가 백제를 세웠어. 백제, 고구려, 부여가 한 민족이라는 것을 뜻하는 거야. 세 나라가 한 민족임을 알려 주는 증거들이 있어.

『삼국사기』에 실린 백제 건국 이야기

"주몽은 부여에서 낳은 아들 유리가 졸본으로 찾아오자 유리를 태자로 삼았다. 그러자 주몽이 졸본에서 낳은 비류와 온조는 그들을 따르는 사람들을 이끌고 남쪽으로 내려가 비류는 미추홀(인천)에, 온조는 위례성에 나라를 세웠다. 그 뒤 비류가 세운 나라는 온조가 세운 백제에 합쳐졌다."

비슷한 백제와 고구려의 무덤

백제 초기 무덤인 석촌동 고분은 계단식 돌무지무덤이야. 이 무덤은 고구려 초기에 만들어진 돌무지무덤과 비슷해. 이를 통해 백제와 고구려의 문화가 관련 있다는 것을 알 수 있지.

산성하 고구려 고분군
(중국 지린성)

서울 석촌동 백제 고분

영토 확장과 전성기

백제는 4세기 후반 근초고왕 때 전성기를 이루었어. 근초고왕은 고구려에 쳐들어가 고국원왕을 죽이고 황해도 일부 지역을 차지했어. 또한 마한의 남은 세력을 무너뜨려 영토를 넓히고 가야에 영향력을 끼쳤어. 중국 동진과 외교 관계를 맺어 새로운 문물을 받아들이고, 가야, 왜 등과 교류하면서 고구려와 신라를 견제했지. 그 뒤 침류왕은 불교를 공인했어.

> **왜**
> 일본의 옛날 이름. 7세기 후반에 일본으로 바뀜

> **공인**
> 나라나 단체 등에서 공식적으로 받아들임

칠지도

칠지도는 칼 양쪽에 칼날이 가지처럼 뻗어 있고, 길이가 75센티미터 정도 되는 철제 칼이야. 일본 이소노카미 신궁에서 보관하고 있는데, 근초고왕 때 백제가 만들어 왜에 보낸 것으로 짐작하고 있어. 백제와 왜가 교류했다는 것을 알려 주는 유물이라고 할 수 있지.

위기와 다시 일어서기 위한 노력

5세기에 백제는 고구려가 쳐들어와 위태로웠어. 광개토 대왕에게 한강 이북 지역을 빼앗기고, 장수왕에게는 수도 한성을 빼앗긴 동시에 개로왕이 죽임을 당한 거야. 백제가 신라와 나제 동맹을 맺고 고구려에 맞서 싸웠지만 고구려를 물리칠 수 없었어. 한강 유역을 잃은 백제는 수도를 한성에서 웅진(공주)으로 옮겼어. 귀족들은 권력 다툼을 벌였고, 왕권은 약해졌지. 그 뒤 동성왕이 왕권 강화에 나서는 한편 신라와 혼인 관계를 맺어 나제 동맹을 굳건히 다졌어.

6세기 초, 무령왕은 백제를 일으키는 데 힘을 쏟았어. 지방에 22담로를 두어 왕족을 보내 다스리고, 농업 발달에 힘썼어. 중국 남조, 왜 등과는 교류하며 나라를 안정시켰지. 성왕은 평야가 넓고, 금강이 있어 교통이 편리한 사비(부여)로 수도를 옮겼어. 한때 나라 이름을 남부여로 바꿔 백제가 부여를 이은 나라라는 걸 내세우기도 했어. 중앙과 지방 제도를 다시 바로잡고, 불교를 퍼트리는 데 힘쓰며 왕권을 강화했지. 그리고는 신라 진흥왕과 힘을 합쳐 고구려를 한강 유역에서 몰아냈어.

하지만 그 뒤 동맹을 깨고 쳐들어온 진흥왕에게 한강 유역을 다시 빼앗겼어. 화가 난 성왕이 신라를 공격했지만 관산성(충북 옥천) 싸움에서 크게 지고, 성왕도 죽고 말았지.

> **담로**
> 백제의 지방 행정 구역

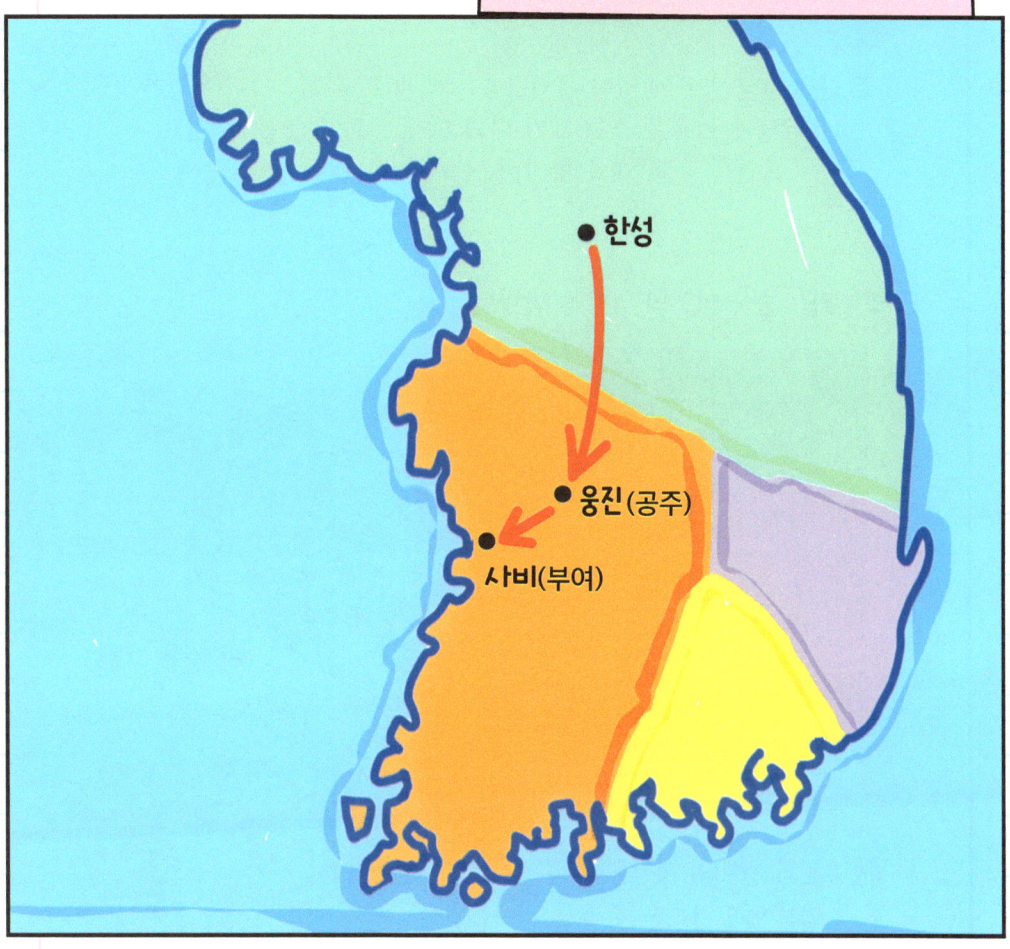

- 한성(기원전 18~475): 교통이 편리해 백제가 빠르게 힘을 키움
- 웅진(475~538): 고구려 장수왕에게 한성을 빼앗기고 웅진으로 옮김
- 사비(538~660): 성왕이 평야가 넓고 교통이 편리한 사비에서 백제를 일으키는 데 힘씀

무령왕릉

현재 충남 공주에 있는 무령왕릉은 백제 무령왕과 왕비 무덤이야.
무덤에서 유물 수천 개가 나와 백제 문화를 엿볼 수 있고,
백제가 중국, 왜와 활발히 교류했다는 것을 알 수 있어.

벽돌무덤: 중국 남조의 영향을 받았어.

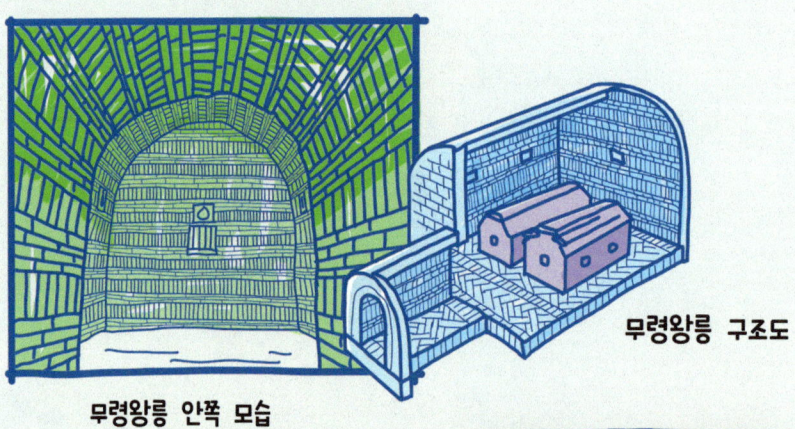

무령왕릉 안쪽 모습

무령왕릉 구조도

목관: 왕과 왕비의 시신을 둔 관으로,
일본에서 자라는 금송으로 만들었어.

오수전: 중국 화폐야.

돌짐승: 무덤을 지키는 상상 속 동물로,
중국 남조의 영향을 받아 무덤 안에 두었어.

1. 백제의 첫 번째 수도인 한성이 갖는 지형학적 특징으로 맞으면 O, 틀리면 X를 하자.
   (1) 한강 유역에 있다.
   (2) 농사가 잘되었다.
   (3) 산이 많아 농사짓기가 힘들었다.
   (4) 교통이 편리해 중국의 문물을 받아들이기 쉬웠다.

2. 3세기 중반에 백제 고이왕이 한 일을 말해 보자.

3. 영토를 크게 넓히고 중국, 왜 등과 교류하며 백제 전성기를 이룬 왕은 누구일까?

4. 백제가 왜에 보낸 칼로, 칼 양쪽에 칼날이 가지처럼 뻗어 있는 유물은 무엇일까?

5. 백제에서 불교를 받아들인 왕은 누구일까?

6. 지방에 22담로를 두고, 농업을 발달시키는 등 백제 안정에 힘쓴 왕은 누구일까?

7. 백제 성왕이 군사 동맹을 맺은 신라를 공격한 까닭은 무엇일까?

정답

1. (1) ○ (2) ○ (3) ✗ (4) ○

2. 관리의 등급을 나누고, 등급에 따라 관복 색깔을 정했다. 율령의 틀을 마련하고, 마한의 작은 나라들을 차지하며 영토를 넓혀 중앙 집권 국가로 발전할 수 있는 기반을 다졌다.

3. 근초고왕

4. 칠지도

5. 침류왕

6. 무령왕

7. 신라가 동맹을 깨고 쳐들어와 백제의 한강 유역을 빼앗아 갔기 때문이다.

비법노트 **6**장

삼국 통일의 발판을 마련한 신라

기원전 1세기~기원후 6세기

신라는 한반도 동남쪽 귀퉁이에 있었기 때문에 고구려, 백제보다 늦게 발전했어. 지증왕과 법흥왕 때 이르러서야 나라다운 여러 제도가 마련됐지. 진흥왕은 이를 바탕으로 영토를 넓히며 전성기를 누렸어. 이때 신라가 한강 유역을 차지해 삼국 통일의 발판을 마련한 거야.

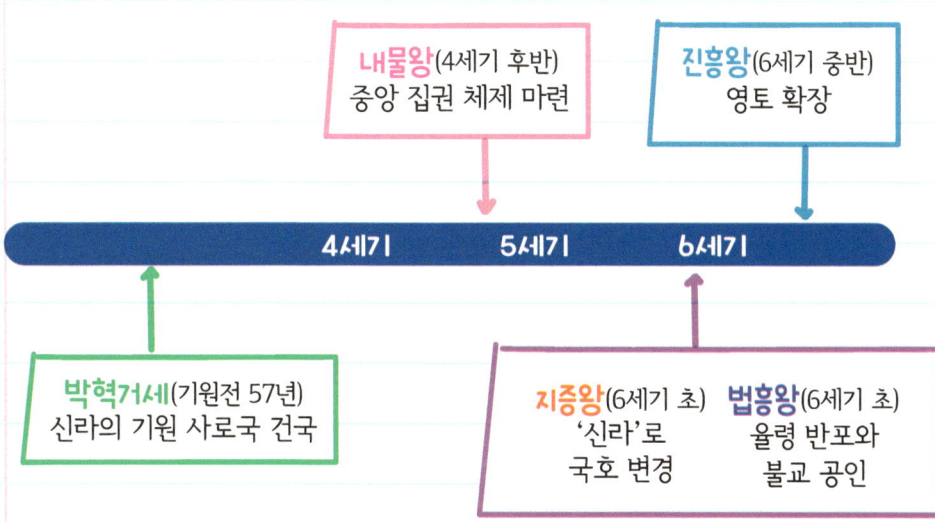

- **박혁거세**(기원전 57년) 신라의 기원 사로국 건국
- **내물왕**(4세기 후반) 중앙 집권 체제 마련
- **지증왕**(6세기 초) '신라'로 국호 변경
- **법흥왕**(6세기 초) 율령 반포와 불교 공인
- **진흥왕**(6세기 중반) 영토 확장

사로국에서 발전한 신라

신라는 진한의 소국(작은 나라) 가운데 하나인 사로국에서 발전한 나라야. 사로국은 기원전 57년, 경주에 자리 잡은 뒤 주변 지역을 차지하며 힘을 길렀어.

처음에는 박씨, 석씨, 김씨가 돌아가며 왕위에 오를 만큼 왕의 힘이 약했어. 또한 지리적으로 한반도 동남쪽에 치우쳐 있었기 때문에 중국의 발달한 문물을 받아들이기 어려웠어. 따라서 고구려, 백제보다 늦게 발전했지.

신라는 4세기 후반 내물왕 때 중앙 집권 체제를 갖추기 시작했어. 이때부터 김씨가 왕위를 잇게 되었고, 왕을 부르는 말도 '이사금'에서 '마립간'으로 바뀌었어. 내물왕은 낙동강 동쪽의 진한 지역을 거의 차지하며 영토를 넓혔어. 왜가 쳐들어왔을 때는 고구려 광개토 대왕의 도움을 받아 왜를 물리치기도 했지. 하지만 이를 계기로 신라는 고구려의 간섭을 받아야 했어.

박혁거세 신화

진한의 여섯 마을 우두머리들이 왕을 정하기 위해 모였어. 그런데 양산 기슭에 있는 나정이라는 우물가에 흰말이 엎드려 절하고 있었어. 그곳을 살폈더니 자줏빛 알이 있었고 흰말은 사람들을 보자 길게 울더니 하늘로 올라갔어. 그 알을 깨뜨리자 사내아이가 나왔고 목욕을 시키니 온몸에서 빛을 뿜었지. 이때 새와 짐승이 춤추고, 하늘과 땅이 흔들리고, 해와 달이 밝게 비췄어. 이 아이가 바로 신라의 시조 박혁거세가 되었대.

신라와 고구려의 관계를 알 수 있는 호우총 청동 그릇

신라 무덤 호우총에서 나온 청동 그릇이야. 그릇 바닥에 고구려 광개토 대왕을 뜻하는 '광개토지호태왕'이라고 적혀 있어. 광개토 대왕이 죽은 뒤 415년에 고구려에서 만들었지.

이 그릇이 신라 무덤에서 발견되었다는 것은 고구려와 신라가 가까운 사이였다는 것을 뜻해.

호우총 청동 그릇

나라의 기틀 마련

신라는 6세기 초, 지증왕 때 한결 나라다운 기틀을 마련했어. 나라 이름을 '신라'로 바꾸고, 왕을 부르는 말도 마립간에서 '왕'으로 바꿨어. 지증왕은 북쪽 지역에 지방관을 보내 직접 다스리고, 소를 이용해 농사를 지어 생산물을 더 많이 거둘 수 있게 했어. 우산국(울릉도)을 차지해 영토를 넓히기도 했지.

법흥왕은 율령을 반포했어. 관리들 등급을 나누고 등급에 따라 다른 색의 관복을 입게 했어. 또 불교를 공인해 여러 갈래로 흩어져 있는 신앙과 사상을 하나로 모았어. 왕권을 강화하면서 중앙 집권 국가로서의 꼴을 갖춘 거야. 나라 밖으로는 낙동강 유역의 금관가야를 차지해 영토를 넓혔지.

신라에서는 왕을 부르는 말이 여러 번 바뀌었어. 바뀔수록 왕의 힘이 점점 더 세졌다는 것을 알 수 있지.

거서간: 귀인, 군장이라는 뜻으로 신라가 작은 공동체에서 시작되었다는 의미

차차웅: 무당이라는 뜻으로 정치 지도자가 제사장 역할도 했다는 의미

이사금: 연장자라는 뜻으로 연륜이 많은 사람이 왕이 되었다는 의미

마립간: 대군장, 회의를 이끄는 지도자라는 뜻으로 왕권이 세졌다는 의미

왕: 중국식 호칭, 중앙 집권 국가의 왕으로 자리 잡았다는 의미

불교 공인을 위해 순교자가 된 이차돈

신라는 고구려, 백제와 달리 지역별로 다양한 신앙이 있어서 불교가 잘 퍼지지 못했어. 불교를 나라의 종교로 삼아 사람들 마음을 모으고 힘을 키우려 했던 법흥왕은 고민에 빠졌지.

이때 불교를 믿던 관리 이차돈이 나서서 일을 꾸몄어. 이차돈은 절을 지어야 한다고 주장했어. 그러자 민간 신앙을 바탕으로 지역을 이끌던 힘 있는 귀족들이 반발했어.

법흥왕은 귀족들 의견을 받아들여 이차돈 목을 베게 했어. 그때 흰 피가 솟구치고 사방에 꽃비가 내리는 등 신비로운 일이 일어났다고 해. 이를 본 귀족들이 불교를 받아들이면서 불교가 신라의 공식적인 종교가 되었지.

> 부처님을 믿으세요.

> 비석 앞면에 이차돈의 순교 모습이 새겨져 있어.

이차돈 순교비

한강 유역 차지

6세기 중반, 진흥왕은 지증왕과 법흥왕이 마련한 안정된 통치 체제를 바탕으로 영토를 넓히는 데 힘썼어. 백제 성왕과 힘을 합쳐 고구려가 차지하고 있던 한강 유역을 빼앗아 백제와 나누어 가졌지.
그 뒤 백제가 가졌던 지역까지 빼앗아 한강 유역 모두를 차지했어. 신라는 한강 유역을 차지하면서 중국의 발달한 문물을 직접 받아들일 수 있게 되었어.
진흥왕은 대가야를 비롯한 가야 연맹도 무너뜨려 낙동강 서쪽을 차지했어. 북쪽으로는 함경도 남부까지 뻗어 나갔어. 또한 화랑도를 국가 조직으로 다시 짜서 인재를 기르고 힘을 길렀지.

화랑도는 신라의 화랑과 그를 따르는 낭도로 구성된 청소년 단체를 말해. 화랑은 '꽃처럼 아름다운 사내'라는 뜻이야. 화랑도는 함께 몸과 마음을 닦고 무예를 익혔으며 노래와 춤을 즐겼어. 화랑도에서 기른 인재들은 삼국 통일 전쟁에서 중요한 역할을 했지. 김유신, 관창 등이 유명해.

삼국이 치열하게 다투었던 한강 유역

한강 유역은 한반도 중심에 자리 잡고 있어 육지나 바다 어느 쪽으로도 교통이 편리했어. 또한 우리나라 서쪽에 있는 **황해**를 통해 중국의 발달한 문물을 받아들일 수 있었고, 평야가 넓어 농사짓기에 좋았어. 그러다 보니 고구려, 백제, 신라는 이 지역을 차지하기 위해 치열하게 싸웠어. 마지막 승자는 신라였지.

황해
우리나라와 중국 동부 해안 사이에 있는 바다

- 아차산성 — 백제 성으로 추정, 고구려·신라 유적 발굴
- 풍납토성 — 백제의 토성
- 몽촌토성 — 백제의 토성
- 이성산성 — 신라 유적 발굴
- 석촌동 고분군
- 방이동 고분군
- 남한산성 — 백제·통일 신라 유적 발굴
- 대모산성

한강 유역에서 삼국의 유적이 모두 발견되었어.
삼국이 한강 유역을 놓고 치열하게 싸웠다는 증거야.

진흥왕은 영토를 넓히며 전성기를 누렸어. 새로 차지한 지역에는 비석을 세워 업적을 뽐냈는데, 비석들을 보면 진흥왕이 넓힌 영토가 어느 정도였는지 알 수 있어.

> 순수비에서 '순수'는 왕이 나라 안을 다니며 두루 살피는 일을 말해. 이를 기념해 세운 비석이 '순수비'야.

6세기 신라의 영토 확장과 전성기

- 황초령 순수비, 마운령 순수비: 함경도 남부까지 차지
- 북한산 순수비: 한강 유역 차지
- 창녕 척경비: 가야의 일부 지역 차지
- 단양 신라 적성비: 고구려 땅이었던 적성 차지

1. 진한의 소국 중 하나로, 나중에 신라로 발전한 나라는 어디일까?

2. 다음 신라 왕들이 한 일을 찾아 연결해 보자.

   ① 내물왕 •　　　　　• ㉮ 왕의 호칭을 '이사금'에서 '마립간'으로 바꾸고, 광개토 대왕의 도움으로 왜를 물리침

   ② 지증왕 •　　　　　• ㉯ 율령 반포, 불교 공인, 금관가야 정복

   ③ 법흥왕 •　　　　　• ㉰ 나라 이름을 '신라'로, '마립간'을 '왕'으로 바꾸고, 우산국(울릉도)을 차지

3. 신라 무덤 호우총에서 발견된 청동 그릇에서 알 수 있는 사실은 무엇일까?

4. 한강 유역을 모두 차지하고 가야 연맹을 무너뜨렸으며, 함경도 남부까지 뻗어 나가 신라 전성기를 이룬 왕은 누구일까?

5. 신라가 한강 유역을 차지한 뒤 일어난 변화는 무엇일까?

6. 신라 청소년들이 몸과 마음을 닦고 무예를 익힌 단체 이름은 무엇일까?

정답

1. 사로국

2. ① 내물왕 — ㉮ 왕의 호칭을 '이사금'에서 '마립간'으로 바꾸고, 광개토 대왕의 도움으로 왜를 물리침
   ② 지증왕 — ㉯ 율령 반포, 불교 공인, 금관가야 정복
   ③ 법흥왕 — ㉰ 나라 이름을 '신라'로, '마립간'을 '왕'으로 바꾸고, 우산국(울릉도)을 차지

3. 신라와 고구려 사이가 가까웠다는 건을 알 수 있다.

4. 진흥왕

5. 중국의 발달한 문물을 직접 받아들이고 삼국 통일의 발판을 마련했다.

6. 화랑도

비법노트 **7**장

가야 연맹의 성립과 변천

기원전 1세기~기원후 6세기

삼국 시대에 낙동강 서쪽 지역에서는 가야 연맹이 생겨났어. 이들은 우수한 철기 문화를 바탕으로 힘을 길렀지. 하지만 고구려, 백제, 신라와 같은 중앙 집권 국가로 발전하지 못하고 연맹 단계에서 멸망하고 말았어.

> 『삼국유사』의 「가락국기」에 가야 건국 신화가 실려 있어.
> 하늘에서 내려온 여섯 개의 황금 알에서 사내아이들이 태어났고,
> 이들이 자라 각각 여섯 가야를 세워 왕이 되었다고 해.

전기 가야 연맹을 이끈 금관가야

낙동강 동쪽에서 신라가 커 나가고 있을 무렵, 낙동강 서쪽에 자리한 변한 지역에서는 여러 가야가 연합해 연맹을 이루었어. 여러 가야 가운데 금관가야가 가장 강해서 전기 가야 연맹을 이끌었어. 금관가야가 자리 잡은 김해 지역에서 철이 많이 나 우수한 철기를 만들 수 있었고, 기름진 땅에서 철로 만든 농기구로 농사를 잘 지은 덕분이었지. 금관가야는 바닷길을 통해 낙랑, 왜 등과 교류하면서 문화도 발전시킬 수 있었어. 금관가야는 4세기부터 신라와 경쟁하며 점점 약해졌어. 5세기, 고구려 광개토 대왕이 신라에 쳐들어온 왜군을 물리치는 과정에서 더욱 힘을 잃었지. 고구려군이 가야로 도망친 왜군을 쫓아오면서 금관가야가 큰 피해를 입었거든.

가야는 왜와 교류하면서 질 좋은 철을 수출했고, 철로 만든 갑옷, 토기 만드는 기술 등을 전해 주었어. 일본 토기인 스에키는 가야 토기의 영향을 받아 만들어졌지.

스에키는 '단단한'이라는 뜻이야. 가야의 토기 기술을 일본으로 가져와 잘 부서지지 않는 토기가 만들어졌다는 의미지.

가야 토기   일본 스에키

가야의 뛰어난 철기 문화

가야 지역에서는 질 좋은 철이 많이 나왔고, 철기를 만드는 기술도 뛰어났어. 가야는 낙랑과 왜 등으로 철을 수출했어.

덩이쇠
불에 달구어 철기를 만들고, 화폐처럼 사용하기도 했어.

판갑옷
철판 여러 장을 이어 만든 갑옷이야. 철을 다루는 기술이 뛰어났다는 것을 알 수 있어.

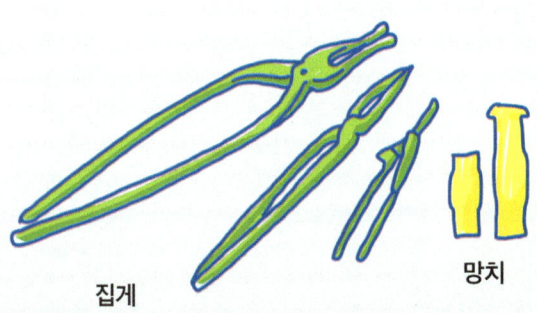

집게   망치

쇠를 두드리는 도구들
집게로 철 덩어리를 집어 망치로 두드려 폈어.

전기 가야 연맹을 이끈 금관가야, 후기 가야 연맹을 이끈 대가야

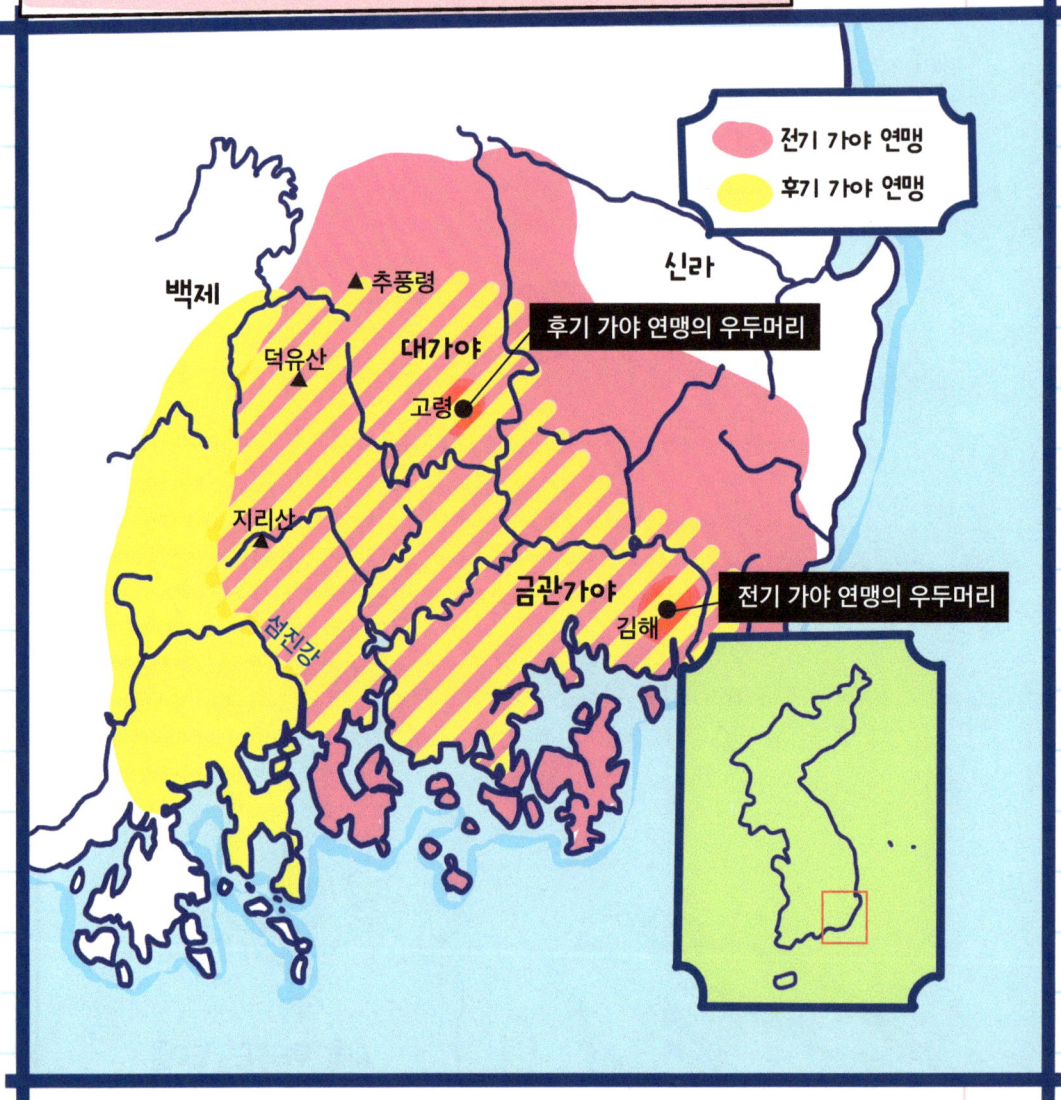

후기 가야 연맹을 이끈 대가야

금관가야가 약해지면서 5세기에는 고령 지역의 대가야가 힘을 발휘하기 시작했어. 대가야도 농사가 발달하고 질 좋은 철이 많이 나온 덕분이었지. 대가야는 후기 가야 연맹을 이끌며 세력을 넓히고 중국, 왜 등과 교류하기도 했어.

가야 연맹을 이룬 작은 나라들은 저마다 자기 권력을 지키는 데만 힘쓰느라 연맹을 유지할 힘을 하나로 모으지 못했어. 결국 532년에 신라 법흥왕이 금관가야를 무너뜨렸고, 562년에는 대가야도 신라 진흥왕의 공격을 받아 무너졌어. 다른 소국들도 신라 땅이 되면서 가야 연맹은 역사 속에서 사라지고 말았지.

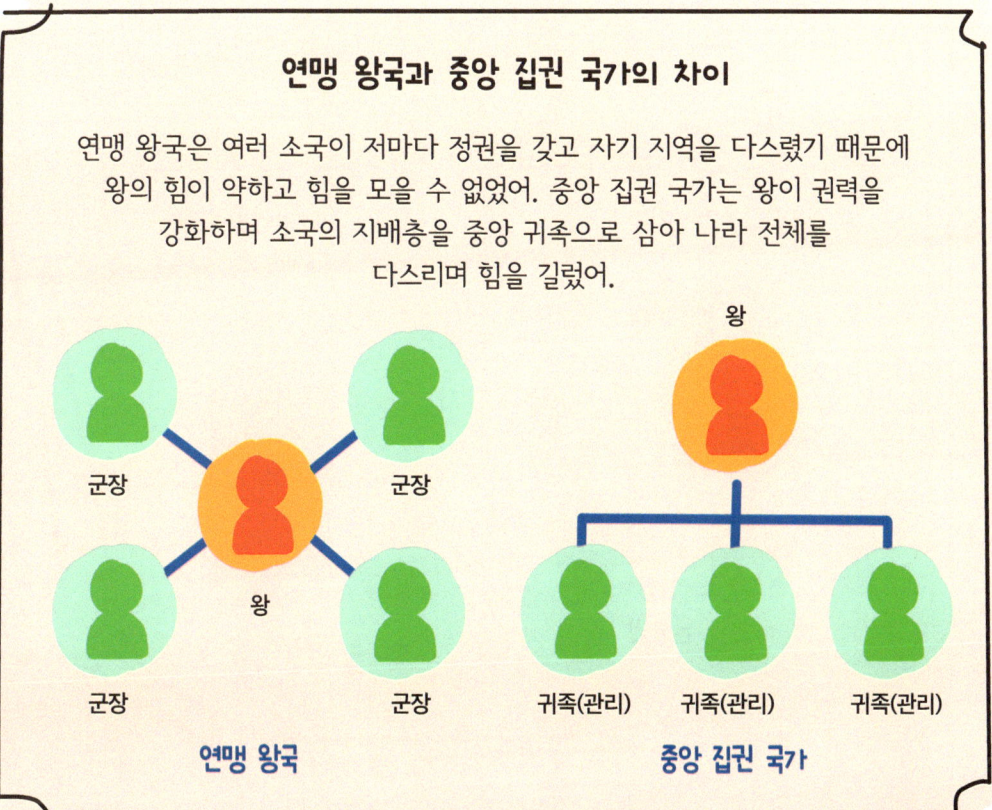

연맹 왕국과 중앙 집권 국가의 차이

연맹 왕국은 여러 소국이 저마다 정권을 갖고 자기 지역을 다스렸기 때문에 왕의 힘이 약하고 힘을 모을 수 없었어. 중앙 집권 국가는 왕이 권력을 강화하며 소국의 지배층을 중앙 귀족으로 삼아 나라 전체를 다스리며 힘을 길렀어.

지산동 고분군에서 보이는 가야 문화

대가야의 중심지였던 경북 고령에는 가야 무덤 수백 기가 남아 있어. 무덤에서 철기와 갑옷, 금동관 등이 나와 가야 문화를 살펴볼 수 있지. 그 대표적인 무덤이 지산동 고분군이야.

판갑옷과 투구   지산동 고분군

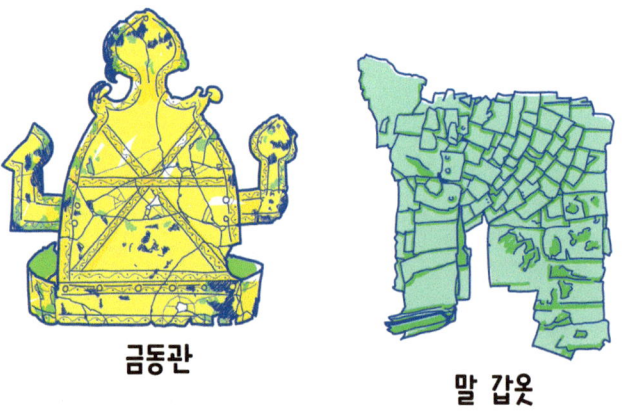

금동관   말 갑옷

퀴즈

1. 다음 빈칸에 알맞은 말을 써 보자.

   여러 가야 가운데 ____가 가장 강했기 때문에 전기 가야 연맹을 이끌었다.

2. 1번 나라의 힘이 강했던 까닭과 5세기에 힘이 약해진 까닭을 말해 보자.

3. 후기 가야 연맹을 이끈 나라는 어디일까?

4. 금관가야와 대가야를 멸망시킨 나라는 어디일까?

5. 가야 연맹이 중앙 집권 국가로 발전하지 못하고 멸망한 까닭을 골라 보자.
   ① 왜의 공격을 받아 일찍 멸망했기 때문이다.
   ② 가야 연맹을 이룬 작은 나라들이 자기 권력을 지키느라 힘을 하나로 모으지 못했기 때문이다.
   ③ 철로 무기를 만드는 기술이 발달하지 못했기 때문이다.
   ④ 다른 나라를 차지하기 위해 전쟁을 벌였기 때문이다.

6. 가야에서 크게 발전한 문화는 무엇일까?

7. 가야 문화를 살펴볼 수 있는 대표적인 무덤은 무엇일까?

정답

1. 금관가야

2. 힘이 강했던 까닭: 철이 많이 나 우수한 철기를 만들 수 있었고, 기름진 땅에서 철로 만든 농기구로 농사를 잘 지을 수 있었기 때문이다. 또한 바닷길을 통해 낙랑, 왜 등과 교류하면서 문화를 발전시킬 수 있었다.
힘이 약해진 까닭: 고구려 광개토 대왕이 신라에 쳐들어온 왜군을 물리치는 과정에서 더욱 힘을 잃었다. 고구려군이 가야로 도망친 왜군을 뚫아오면서 큰 피해를 입었기 때문이다.

3. 대가야

4. 신라

5. ②

6. 철기 문화

7. 지산동 고분군

비법노트 8장

삼국의 문화와 대외 교류

기원전 1세기~기원후 7세기

삼국은 중국, 일본 등과 교류하며 다양한 문화를 발전시켰어. 특히 불교가 국가적 종교가 되면서 불교 문화가 발달했고, 귀족 사회에서는 도교가 유행하기도 했지. 유학과 과학 기술도 발전했어. 삼국은 신분에 따라 사는 모습이 달랐고, 고분 문화를 가지고 있었어.

삼국에 퍼진 종교와 학문

삼국은 불교를 받아들여 사람들 사상과 마음을 하나로 모으는 데 힘썼어. 이는 왕권을 강화하고 중앙 집권 체제를 마련하는 밑거름이 되었어. 왕실에서 먼저 받아들인 불교는 왕실의 보호를 받으며 백성들에게도 전해졌어. 불교가 널리 퍼지면서 절, 탑, 불상 등 불교 예술이 발달했지.

삼국을 대표하는

고구려

금동 연가 7년명 여래 입상
삼국 시대를 대표하는 금동불로 중국 북조 불상의 영향을 받았어. 뒷면에 불상을 만든 까닭과 시기, 고구려 관련 글이 새겨져 있지.

금동불
구리에 얇은 금을 입힌 불상

백제

익산 미륵사지 석탑
우리나라에 남아 있는 석탑 가운데 가장 크고 오래된 석탑이야. 백제 무왕 때 지은 미륵사 터에 남아 있어.

미륵사지
미륵사가 있던 자리라는 뜻.
'지'는 원래 있던 건물은 없어지고 터만 남아 있다는 뜻

서산 용현리 마애 여래 삼존상
바위에 조각한 불상이야. 독특하고 부드러운 미소가 돋보여 '백제의 미소'라고도 불려.

불교 문화유산

> 신라

황룡사 9층 목탑
선덕여왕 때 세운 9층 목탑이야. 높이가 60여 미터에 달하며, 이웃 나라가 쳐들어오는 것을 막겠다는 마음을 담아 세웠어. 고려 때 몽골의 침입으로 불타 터와 탑의 주춧돌만 남아 있어.

경주 배동 석조 여래 삼존 입상
자비로운 부처의 모습을 담았어. 원래 경주 남산에 흩어져 있었는데, 지금은 한곳에 모아 세웠어.

지금도 똑같이 만들기가 어려울 것 같아.

삼국은 한자를 사용하고 유학을 발달시켰어. 고구려에서는 태학을 세우고, 백제에서는 **오경박사**를 두어 유교 경전을 가르쳤지. 신라 청년들도 유교 경전을 익히는 데 힘썼어.

> **오경박사**
> 백제에서 『역경』 『시경』 『서경』 『예기』 『춘추』 다섯 경서에 뛰어난 학자에게 주었던 관직

신라의 임신서기석

길이가 약 30센티미터 정도 되는 작은 비석이야.
'임신년에 세운 비석'이라는 뜻인데, 정확한 연도는 학자마다 해석이 달라.
신라에서 유학이 발달했다는 것을 알려 주지.
신라의 두 청년이 유교 경전을 공부해 나라에 충성하겠다고 다짐하는 내용이 새겨져 있어.

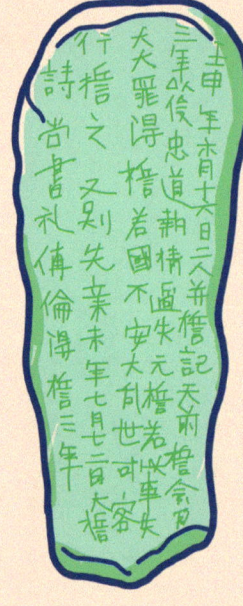

삼국에서는 천문학도 발전했어. 천체 현상과 움직임을 연구하는 천문학이 농사짓기와 관계가 깊고, 왕의 권위와도 관련 있다고 생각했기 때문이야. 고구려는 고분 속에 별자리를 그리기도 했고, 신라는 첨성대를 만들었지.
삼국 시대에는 중국에서 들어온 도교가 귀족들 사이에 퍼지기도 했어. 특히 늙지 않고 오래 살기를 바라는 신선 사상, 산이나 강 등 자연을 숭배하는 신앙이 유행했어.

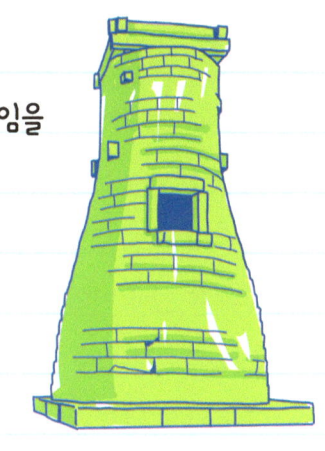

첨성대
하늘의 별, 해와 달 등을 관찰하기 위해 높이 쌓은 대

도교 사상이 깃든 문화유산

백제 금동 대향로
늙지 않고 오래 사는 신선이 봉황, 용 같은 상상 속 동물과 어우러져 사는 모습이 잘 나타나 있어.

백제 산수 무늬 벽돌
신선 사상을 바탕으로 산과 나무, 구름 등과 더불어 살기 바라는 마음이 담겨 있어.

고구려 강서 고분 현무 그림
도교의 사신 가운데 하나인 현무(북방을 지키는 상상 속 동물)의 모습이 잘 그려져 있어.

신분에 따라 다른 사람들의 삶

삼국 시대 사람들은 왕족을 비롯한 귀족, 평민, 천민으로 신분이 나뉘었어. 신분에 따라 사는 모습도 많이 달랐어. 귀족은 넓은 기와집에 살면서 화려한 비단옷을 입고 온갖 장신구로 치장을 했어. 이와 달리 평민은 초가집이나 귀틀집에 살면서 거친 베로 만든 옷을 입고 살았지. 먹는 음식도 달랐어. 귀족은 쌀밥과 고기 등을 먹었지만, 평민들은 주로 조, 보리, 콩, 수수 등을 먹었지.

나도 고기를 실컷 먹어 보고 싶어.

귀족은 집 안에 부엌, 고깃간, 수렛간 등을 따로 두었어. 집 안에서는 주로 탁자나 **침상**을 이용했어. 또 여성들은 화장을 하고, 예쁜 색으로 물들이거나 무늬를 넣은 옷, 주름치마 등을 입었지.

침상
편안하게 누워 잘 수 있도록 만든 평상

반면에 평민은 초가집에서 바닥에 거적 등을 깔고 살았어. 옷은 단순한 색깔의 저고리, 바지, 치마를 입었어.

죽은 사람의 무덤, 고분

삼국 시대 사람들은 사람이 죽으면 그 영혼이 다른 세상에서 산다고 생각했어. 그래서 왕족이나 귀족은 무덤을 만들고 죽은 사람과 함께 껴묻거리를 묻었어. 신라와 가야에서는 노비를 함께 묻기도 했지. 삼국은 나라와 시기에 따라 다양한 **고분**을 만들었어.

> **고분**
> 고대에 만든, 왕을 비롯한 지배층의 커다란 무덤

무용총 접객도: 중국 지린성에서 발견된 고구려 고분 무용총의 벽화야. 손님에게 시중드는 모습이 그려져 있어. 신분에 따라 크기를 다르게 그렸다는 것, 입는 옷이 달랐다는 것 등을 알 수 있어.

고구려 고분: 돌무지무덤과 굴식 돌방무덤

고구려에서는 처음에는 돌을 쌓아 돌무지무덤을 만들었어. 그 뒤 굴식 돌방무덤을 만들었는데, 돌로 만든 넓은 방 벽에 그림을 그려 넣었지. 벽화를 보면 고구려 사람들 생활 모습이나 풍습, 종교 등을 알 수 있어.

백제 고분: 돌무지무덤과 굴식 돌방무덤, 벽돌무덤

백제도 처음에는 고구려와 비슷한 돌무지무덤을 만들었어. 웅진으로 수도를 옮기면서 굴식 돌방무덤을 만들었지. 중국의 영향을 받아 무덤을 벽돌로 쌓은 벽돌무덤을 만들기도 했어. 대표적인 벽돌무덤으로 무령왕릉이 있지.

신라 고분: 돌무지덧널무덤과 굴식 돌방무덤

신라는 돌무지덧널무덤을 많이 만들다가 나중에는 주로 굴식 돌방무덤을 만들었어.

> **덧널**
> 관을 담기 위해 나무로 네모나게 짠 것

돌무지무덤

시신과 껴묻거리 위에 크고 작은 돌을 쌓아 만든 무덤이야. 고구려 장군총과 백제 석촌동 고분 등이 있어.

굴식 돌방무덤

돌로 방과 통로를 만들고 그 위에 흙을 쌓아 올려 만든 무덤이야. 돌방 안 천장과 벽에 벽화를 그려 넣기도 했어. 고구려 무용총, 백제 능산리 고분군, 발해 정혜 공주 묘 등이 있어.

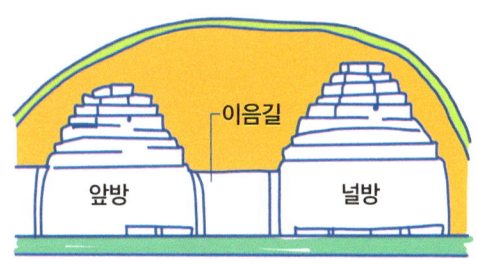

돌무지덧널무덤

나무 덧널 위에 돌을 쌓은 뒤 흙으로 덮은 무덤이야. 신라의 천마총, 황남대총 등이 있어.

89

주변 나라들과 주고받은 문화

남국은 주로 중국과 교류하며 문화를 발달시켰어. 중국을 통해 불교, 한자와 유교, 과학 기술 등을 받아들였어. 특히 한강 유역에 자리 잡은 백제는 서남쪽 바다를 연결하는 해상 교역을 이끌었어. 신라는 처음에는 고구려와 백제를 통해 중국 문화를 받아들이다 한강 유역을 차지한 뒤부터는 중국과 직접 교류하게 되었지. 고구려 왕산악은 중국의 칠현금을 보고 거문고를 만들었어. 백제의 청자 항아리와 중국 동진의 청자 항아리가 닮은 걸 보면 두 나라의 교류를 알 수 있지.

칠현금

거문고

백제 청자 항아리

중국 동진 청자 항아리

남국은 일본과도 활발히 교류했어. 백제는 일본에 불교를 전하고, 아직기와 왕인을 보내 한문, 논어, 천자문 등을 전해 주었어. 고구려 승려 혜자는 쇼토쿠 태자의 스승이 되었고, 담징은 종이와 먹을 만드는 방법을 알려 주었어. 신라는 일본에 배 만드는 기술과 둑 쌓는 기술을 전했지. 남국의 문화는 일본에서 아스카 문화가 발전하는 데 영향을 주었어. 그래서 일본 문화유산 가운데 남국의 영향을 받아 비슷한 것이 많아.

고구려 누산리 고분 벽화와 일본 다카마쓰
고분 벽화에 나오는 사람들 모습이 비슷해.
백제의 금동 미륵보살 반가 사유상과
일본의 목조 미륵보살 반가 사유상도 비슷하지.
일본의 목조 미륵보살 반가 사유상 재료인
붉은 소나무는 우리나라에서 많이
나는 품종이야.

**금동 미륵보살
반가 사유상**

**목조 미륵보살
반가 사유상**

일본에 전해진 삼국 문화

- 백두산
- 국내성
- 고구려
- 평양
- 한성
- 웅진(공주)
- 사비(부여)
- 백제
- 가야
- 신라
- 금성(경주)
- 탐라
- 우산
- 쓰루가
- 왜
- 오카야마
- 나라
- 하카타

불교, 회화, 종이, 붓
조선술, 축제술
토기 제작 기술
유학, 불교, 회화, 천문, 역법

91

이 밖에 삼국은 **서역**과 교류하기도 했어.

> **서역**
> 지금의 중앙아시아, 서아시아, 인도 등 중국의 서쪽 지역을 가리킴

고구려 고분 벽화에서 보이는 서역 인물, 신라 황남대총에서 나온 유리그릇, 상감 유리구슬, 뿔 모양 잔 등을 통해 서역과의 교류를 알 수 있어.

고구려 각저총 벽화

삼국 시대의 교역로

— 초원길
— 비단길

타슈켄트, 사마르칸트, 카샨, 호탄, 쿠처, 투루판, 둔황, 몽골고원, 카라코룸, 고비 사막, 유주(베이징), 장안, 뤄양, 고구려, 백제, 신라, 가야, 왜

1. 삼국의 왕실이 불교를 받아들인 까닭은 무엇일까?

2. 고구려 태학과 백제 오경박사의 공통점을 말해 보자.

3. 신라의 두 청년이 유교 경전을 공부해 나라에 충성할 것을 다짐하는 내용이 새겨져 있는 비석은 무엇일까?

4. 다음 보기에 나타난 공통점을 써 보자.

   <보기> • 백제 금동 대향로 • 백제 산수 무늬 벽돌
           • 고구려 강서 고분 벽화 사신도

5. 삼국 시대 사람들 신분은 어떻게 나뉘었을까?

6. 신라가 중국과 직접 교류하게 된 것은 언제부터일까?

7. 중국의 영향을 받아 만든 백제의 대표적인 벽돌무덤은 무엇일까?

8. 고구려 사람 담징이 일본에 전해 준 것은 무엇일까?

9. 신라 황남대총에서 나온 유리그릇을 보고 알 수 있는 사실은 무엇일까?

정답

1. 사람들의 사상과 마음을 모아 왕권을 강화하고 중앙 집권 체제를 마련하기 위해서이다.

2. 태학과 오경박사를 통해 유교 경전을 가르쳤다.

3. 임신서기석

4. 이 유물들에는 도교 사상이 깃들어 있다.

5. 왕과 귀족, 평민, 천민

6. 한강 유역을 차지한 뒤부터이다.

7. 무령왕릉

8. 종이와 먹을 만드는 방법

9. 신라가 서역과 교류했다는 것을 알 수 있다.

남북국 시대

7세기부터 10세기까지

신라가 삼국 통일을 이루었어. 한반도 북쪽에서는 고구려 유민 대조영이 발해를 세웠지. 남쪽에는 신라가 북쪽에는 발해가 함께 있었던 남북국 시대가 시작된 거야. 신라와 발해에서는 또 무슨 일이 벌어졌을까?

비법노트 9장

신라가 이룬 삼국통일

6세기~7세기

신라가 한강 유역을 차지한 뒤 삼국은 더욱 치열하게 다투었어. 이 무렵 중국에서는 **수**가 대륙을 통일해 고구려를 위협했고, 수의 뒤를 이은 당도 고구려를 공격했어. 신라는 당과 동맹을 맺고 백제, 고구려를 멸망시켰어. 이어 당까지 몰아내고 삼국을 통일했지. 우리 민족 역사상 가장 처음 통일을 이룬 신라는 고구려, 백제 사람들과 함께 새로운 민족 문화를 만들어 가는 데 힘썼어.

> **수**
> 581년에 양견(문제)이 세운 나라.
> 589년에 중국을 통일하고, 무리한 전쟁과
> 곳곳에서 일어난 반란으로 618년에 멸망

고구려와 수·당 전쟁

6세기 말, 중국 대륙을 통일한 수는 고구려에 복종하라고 강요했어. 고구려 영양왕은 이를 거절하고 요서 지역으로 쳐들어갔어. 그러자 수 문제가 많은 군사를 이끌고 고구려를 침략했지. 하지만 장마가 계속되고 전염병이 돌자 곧 물러났어.

문제에 이어 수 양제가 군사 113만 명을 이끌고 쳐들어왔어. 이 가운데 양제의 명을 받은 우중문이 **별동대** 30만 명을 이끌고 평양성으로 쳐들어왔는데, 을지문덕이 군사들을 이끌며 살수(청천강)에서 이들을 크게 무찔렀어. 이 싸움이 바로 살수 대첩이야.

그 뒤에도 고구려는 쳐들어온 수를 몇 번 더 물리치며 위기를 이겨 냈어. 이 때문에 수는 힘을 잃은 데다 곳곳에서 반란이 일어나 결국 멸망하고 말았지.

> **별동대**
> 특별 작전을 위해 따로 행동하는 부대

수의 뒤를 이은 **당**도 시간이 지나면서 고구려를 위협했어. 고구려 영류왕은 당이 쳐들어오는 걸 막기 위해 국경 지역에 **천리장성**을 쌓고 군사력을 길렀지. 그런데 연개소문이 정변을 일으켜 보장왕을 왕위에 세우고 정권을 잡았어. 연개소문은 신라를 공격하고 당에 맞섰어.

> '대막리지'라는 지위를 갖는데 왕보다 센 권력이었어.

> **당**
> 618년에 세워져 907년에 멸망한 중국 왕조

> **천리장성**
> 고구려가 당의 침입을 막기 위해 북쪽 부여성에서 남쪽 비사성까지 쌓은 긴 성

살수 대첩을 이끈 을지문덕의 지략

612년, 고구려 영양왕 때 장군 을지문덕은 수의 군사들이 몹시 지쳤고 식량도 부족하다는 것을 알아냈어. 을지문덕은 수의 군대를 평양성 쪽으로 끌어들이며 적들의 힘을 뺐어. 그러고는 수의 장군 우중문을 조롱하며 철수하라는 시를 써 보냈어. 우중문의 답장을 받은 을지문덕이 이번엔 항복하겠다는 편지를 보냈지. 우중문은 을지문덕이 항복한다는 약속을 구실 삼아 후퇴했어.
그러나 고구려군이 수의 군대가 물러가려고 살수를 건널 무렵 총공격했어. 이때 살아 돌아간 수 군사는 30만 명 가운데 2700여 명에 지나지 않았어.

645년, 당 태종이 연개소문의 정변을 구실로 고구려에 쳐들어왔어.
당군은 요동성, 백암성 등을 무너뜨린 뒤 안시성을 공격했어.
안시성 성주 양만춘과 백성들이 목숨 걸고 싸워 당을 물리쳤지.
그 뒤에도 당이 여러 번 고구려를 공격했지만 모두 막아 냈어.
고구려가 수·당을 물리친 덕분에 백제와 신라도 안전할 수 있었어.
하지만 연이은 싸움으로 고구려의 힘은 약해지고 땅은 황폐해졌어.

고구려와 수·당 전쟁

- 주요 전투 지역
- 고구려 주요 성
- 수의 침입(612)
- 당의 침입(645)
- 천리장성(추정)

고구려는 어떻게 수·당의 침략을 물리칠 수 있었을까?

- 험한 산 지형을 그대로 이용해 단단한 화강암으로 튼튼한 산성을 쌓았어.

- 전쟁이 길어질 것에 대비해 산성에 치를 만들고, 살 곳, 식량 창고, 물을 대는 시설 등을 마련했어.

- 백성은 적들이 이용할 수 없게 마을 집, 농작물 등을 태우고 산성에 들어가 살며 적과 싸웠어.

- 요동 지역에서 나는 많은 철로 강력한 철제 무기와 갑옷을 만들어 썼어.

- 철제 갑옷과 무기로 무장한 기병인 개마 무사가 크게 활약했어.

> **치**
> 성벽에 기어오르는 적을 막기 위해 성벽 밖으로 쑥 내밀어 쌓은 부분

전쟁이 이렇게 자주 일어나는 나라에선 살기 힘들 것 같아.

나당 동맹과 백제, 고구려의 멸망

신라는 642년, 백제 의자왕에게 공격받아 대야성을 비롯한 성 40여 개를 빼앗겼어. 큰 위기에 빠진 신라는 김춘추를 고구려에 보내 도와달라고 요청했어. 하지만 고구려가 신라에 빼앗긴 땅을 돌려달라고 요구하면서 협상에 실패하고 말았어. 왜에도 도움을 요청했지만 백제와의 관계 때문에 거절했어.

> 이때 왕이 선덕 여왕이야.

648년, 김춘추가 당에 동맹을 맺자고 제안하면서 나당 동맹이 맺어졌지. 신라가 당이 고구려를 공격하는 걸 도와주고, 당은 신라를 도와준다는 조건으로 말이야. 나당 연합군은 먼저 지배층이 분열해 혼란스러웠던 백제로 쳐들어갔어. 김유신이 이끄는 신라군이 황산벌 전투에서 계백이 이끄는 백제군을 물리쳤지. 이어 나당 연합군은 사비성을 무너뜨리고, 웅진성에서도 백제군을 무찔렀어. 결국 660년, 의자왕이 항복하면서 백제는 멸망하고 말았지.

그 뒤 나당 연합군은 고구려로 쳐들어갔어. 수·당과 싸워 약해져 있던 고구려는 연개소문이 죽은 뒤 권력 다툼이 일어나 혼란스러웠어. 668년, 나당 연합군이 평양성을 무너뜨리면서 고구려도 멸망하고 말아.

> 황산벌 전투에 참가한 백제군은 5000명, 신라군은 무려 5만 명이었어. 처음에는 죽음을 각오하고 싸우는 계백 장군과 백제군 앞에서 신라군이 주춤했어. 이에 신라 장군 김흠순이 아들 반굴에게 앞장서 싸우게 했어. 반굴은 용감히 싸우다 죽었지. 이어 장군 김품일도 아들 관창을 내보냈어. 관창은 말을 타고 혼자 백제군을 향해 달려갔어. 관창을 죽이기 아까웠던 계백은 살려서 돌려 보냈지만 관창은 또다시 창을 들고 적진으로 갔지. 결국 계백은 관창의 목을 베어 말에 매달아 신라군에 보냈어. 이를 본 신라군은 분노해 총공격에 나섰어. 계백과 백제군은 온 힘을 다해 싸웠지만 모두 전사하고 말았지.

실패로 끝난 백제와 고구려의 부흥 운동

백제와 고구려는 나라를 다시 일으키기 위해 부흥 운동을 벌였어. 백제는 복신과 도침, 흑치상지 등이 부흥 운동을 이끌며 나당 연합군에 맞서 싸웠어. 하지만 이들 지도층이 갈라져 서로 다투고, 백제를 도우러 온 왜군이 백강(금강 하구) 전투에서 나당 연합군에게 지면서 백제 부흥 운동은 실패로 끝나고 말았지. 고구려도 고연무, 검모잠 등이 부흥 운동을 이끌었지만, 지도층이 갈라지면서 결국 실패했어.

백제와 고구려의 부흥 운동

나당 전쟁과 삼국 통일

백제와 고구려가 멸망한 뒤 당은 백제의 옛 땅에 웅진**도독부**, 고구려의 옛 땅에 안동**도호부**를 두고 다스리려고 했어. 뿐만 아니라 신라에도 계림도독부를 두어 다스리려고 했지. 그러자 신라는 당에 맞서 싸웠어. 신라는 보장왕의 아들 안승을 보덕국(지금의 전북 익산) 왕으로 삼아 고구려 유민을 끌어들여 당을 공격했어. 먼저 웅진과 사비 지역에 있던 당군을 몰아냈지. 이어 675년 매소성 전투, 676년 기벌포 전투에서 당군을 무찔렀어. 마침내 신라는 당을 대동강 이북으로 몰아내고 삼국을 통일했어. 신라의 삼국 통일은 우리 역사상 최초의 통일이었다는 점, 삼국 문화가 어우러진 새로운 민족 문화가 발전할 수 있는 바탕을 마련했다는 점에 의의가 있어. 비록 당의 힘을 빌리고, 고구려 땅이었던 요동과 만주 지역을 잃었다는 점은 아쉽지만 말이야.

> **도독부, 도호부**
> 당이 차지한 지역을 다스리기 위해 둔 행정·군사 기구

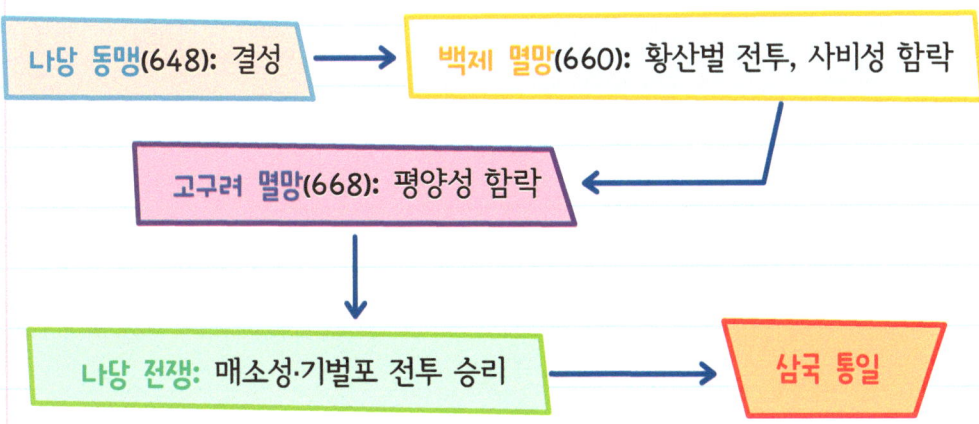

나당 동맹(648): 결성 → 백제 멸망(660): 황산벌 전투, 사비성 함락 → 고구려 멸망(668): 평양성 함락 → 나당 전쟁: 매소성·기벌포 전투 승리 → 삼국 통일

1. 612년, 을지문덕이 군사들을 이끌며 누와 싸워 크게 이긴 전쟁은 무엇일까?

2. 고구려 영류왕이 당의 침략을 막기 위해 쌓은 산성 이름은 무엇일까?

3. 고구려에서 정변을 일으켜 보장왕을 세우고 정권을 잡은 사람은 누구일까?

4. 645년, 고구려가 당 태종의 침략을 물리치고 지킨 성은 무엇일까?

5. 신라 김춘추가 백제에 맞서 싸우기 위해 당과 맺은 동맹 이름을 써 보자.

6. 신라 김유신이 이끄는 군대와 백제 계백이 이끄는 결사대가 맞서 싸운 결과, 신라가 이긴 곳은 어디일까?

7. 백제와 고구려가 멸망한 뒤 당이 백제와 고구려의 옛 땅에 둔 군사·행정 기구는 각각 무엇일까?

8. 신라가 당 군사들을 물리치고 삼국 통일을 완성하게 된 두 싸움은 무엇일까?

9. 신라의 삼국 통일이 갖는 의의와 아쉬운 점을 각각 말해 보자.

정답

1. 살수 대첩

2. 천리장성

3. 연개소문

4. 안시성

5. 나당 동맹

6. 황산벌

7. 백제: 웅진도독부, 고구려: 안동도호부

8. 매소성 전투, 기벌포 전투

9. 의의: 우리 역사상 최초의 통일이었다는 점, 삼국 문화가 어우러진 새로운 민족 문화가 발전할 수 있는 바탕을 마련했다는 점
아쉬운 점: 당의 힘을 빌리고, 고구려 땅이었던 요동과 만주 지역을 잃었다는 점

비법노트 10장

통일 신라의 발전 그리고 혼란

7세기~10세기

신라는 삼국을 통일한 뒤 나라를 안정시켜 평화로운 날들을 보냈어. 8세기 후반부터 왕권이 약해지고 귀족들이 서로 왕이 되겠다고 싸우면서 나라가 혼란스러워졌지. 결국 견훤이 후백제, 궁예가 후고구려를 세우면서 신라와 함께 후삼국 시대가 열렸어.

통일 신라의 발전

신라에서는 고구려, 백제와 한창 싸우던 7세기 중반 김춘추(태종 무열왕)가 왕이 되었어. 통일 전쟁이 벌어지는 동안 태종 무열왕이 세상을 떠나자 아들 문무왕이 뒤를 이었어. 문무왕은 당을 몰아내고 삼국 통일을 마무리 지었지. 문무왕은 옛 백제, 고구려 사람들에게 관직을 주는 등 세 나라를 통합하는 데 힘쓰며 왕권을 강화했어.

문무왕의 뒤를 이은 신문왕도 왕권을 강화하며 나라를 안정시켜 갔어. 신문왕은 **김흠돌의 난**을 물리쳐 진골 귀족들 힘을 억누르고, 유학 교육 기관인 국학을 두어 인재를 길렀어. 토지 제도도 바꾸었는데, 관리에게 관료전을 두고 녹읍을 없애 귀족의 경제력을 약화시켰어.

> **김흠돌의 난**
> 681년, 진골 귀족의 우두머리인 김흠돌이 반란을 일으키려다 들켜 처형된 사건

녹읍과 관료전의 차이

내 땅인데….

녹읍과 관료전 모두 신라에서 관리들에게 주었던 토지야. 녹읍은 관리들에게 토지에서 세금을 거둘 수 있는 권리뿐만 아니라, 농민들을 마음대로 부릴 수 있는 권한을 주었어. 귀족들은 이를 바탕으로 힘을 기를 수 있었지. 그런데 관료전은 토지에서 세금만 거둘 수 있었고, 농민들은 부릴 수 없었어. 게다가 관직에서 물러나면 반납해야 했어. 때문에 귀족들 힘이 자연스럽게 약해졌지.

통일 신라의 행정·군사 제도

신라는 늘어난 인구와 넓어진 영토를 다스리기 위해 여러 제도를 마련했어. 중앙 정치는 **집사부**와 그 장관인 시중(중시)을 중심으로 이루어졌어. 전국을 9주로 나누고, 그 아래에 군·현을 두어 지방관을 보내 다스렸지. 가장 작은 행정 구역인 촌은 그 지역에 살고 있는 촌주가 관리했어. 또한 수도인 경주가 동남쪽에 치우쳐 있는 단점을

> **집사부**
> 진덕 여왕 때 생긴 가장 높은 행정 기관. 왕의 명령과 중요 비밀 업무를 맡음

보완하기 위해 전국 주요 지방에 5소경을 두었어. 5소경에는 일부 중앙 귀족과 옛 고구려, 백제 귀족들을 보내 다스리게 했지. 군사적으로는 중앙군으로 9서당, 지방군으로 10정을 두었어.

9서당 10정

9서당은 수도 경주를 지키는 중앙군이야. 신라 사람들뿐만 아니라 고구려, 백제, 말갈 사람들도 뽑았어. 10정은 지방군으로 9주에 1정씩 두고, 군사적으로 중요한 국경 지역인 한주에만 2정을 두었지.

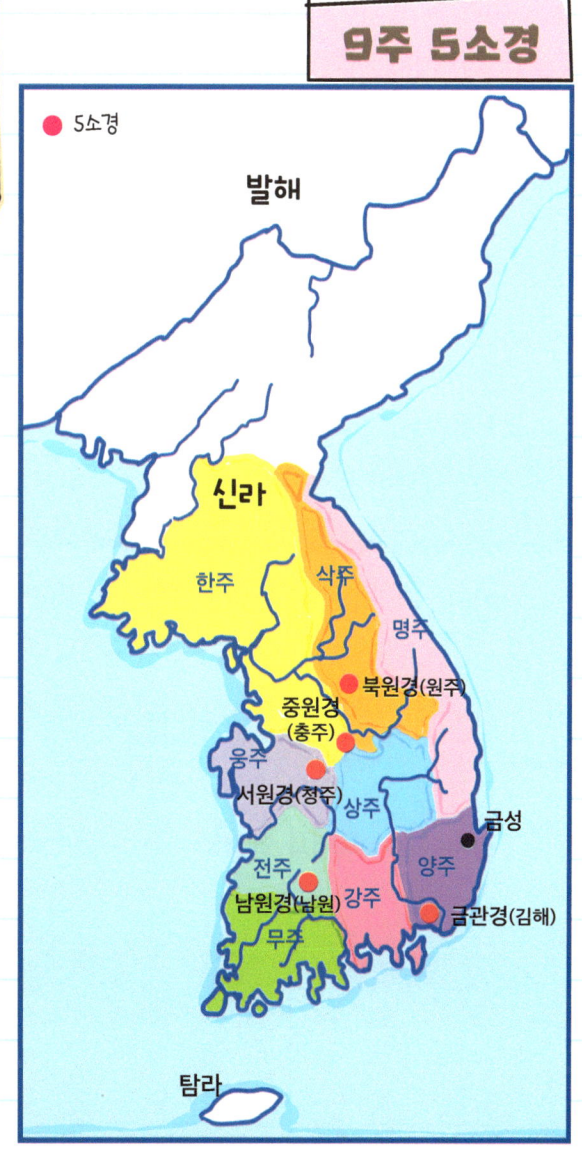

9주 5소경

109

혼란스러워지는 통일 신라

신라는 삼국을 통일한 뒤 한동안 정치적으로 안정된 날들을 보냈어. 그런데 8세기 후반부터 왕의 힘이 약해지고 진골 귀족 세력이 다시 강해지면서 혼란스러워졌지. 어린 나이에 왕이 된 혜공왕이 진골 귀족들 반란으로 죽임을 당하면서 귀족들은 서로 왕이 되려고 치열하게 싸웠어. 김헌창의 난, 장보고의 난 등이 일어나면서 정치적으로 더욱 혼란스러워졌지. 150년 동안 왕이 20명이나 바뀌는 큰 혼란이 이어진 거야.

나라가 어지러워지면서 귀족들은 농민들 땅을 빼앗고 세금을 마구 거두어들였어. 게다가 전염병이

> **김헌창의 난**은 822년, 웅주 도독 김헌창이 무열왕의 직계 자손인 아버지 김주원이 왕이 되지 못한 것에 불만을 품고 일으킨 반란이야.
>
> **장보고의 난**은 846년, 청해진을 설치해 군사력을 키우고 당과 일본 사이에서 중계 무역을 하며 재산을 모은 장보고가 왕위 다툼에 끼어들었다가 일으킨 반란이야.

돌고 흉년이 들어 농민들 삶은 더욱 어려워졌지. 9세기 말에는 진성 여왕이 관리를 보내 세금을 내라고 다그치자 농민들이 들고 일어났어. 사벌주(상주)에서 원종과 애노가 농민들을 이끌고 봉기를 일으키면서 전국 곳곳에서 농민 봉기가 일어난 거야. 골품제라는 신분 제도 아래에서 큰 차별을 받았던 6두품은 골품제를 비판하고 사회 혼란을 바로잡으려고 했어. 특히 6두품인 최치원이 진성 여왕에게 정치, 사회 문제를 해결하자는 개혁안을 올렸어. 하지만 받아들여지지 않았지.

신라의 엄격한 신분 제도, 골품제

골품제는 왕족을 대상으로 한 골제와 귀족 및 일반 백성을 대상으로 한 두품제를 합쳐 일컫는 말이야. 왕족은 성골과 진골, 귀족은 6두품에서 4두품으로 이루어졌어. 왕은 성골만 될 수 있었어.
성골의 대가 끊기면서 처음으로 진골인 김춘추가 왕이 되었지.
6두품은 아무리 능력이 있어도 관청의 장관이나 군부대 지휘관 같은 높은 관리가 될 수 없었어. 그래서 6두품은 관리가 되는 것을 포기하고 학자나 사상가, 승려가 되는 경우가 많았어.
신라 말에는 6두품 가운데 개인의 능력보다 혈통을 중시하는 골품제를 비판하며 호족과 힘을 합쳐 새로운 사회를 만들려는 사람들이 나타났어.

지방민의 봉기와 호족의 성장

다시 후삼국으로 나뉜 통일 신라

신라 말, 혼란스러운 틈을 타 지방에서는 새로운 정치 세력인 호족이 나타났어. 호족들은 농민들을 끌어들여 힘을 키우고, 성을 쌓아 근거지를 마련했어. 이들은 스스로 성주나 장군이라 부르며 직접 지방을 다스리고 세력을 넓혀 갔어.

> **호족**
> 신라 말부터 고려 초에 활동한 지방 세력. 군사력과 경제력을 갖고 각 지방을 다스림

호족들 가운데 견훤과 궁예가 주변 세력들을 모아 나라를 세웠어. 견훤은 서남 해안을 지키는 군인이었는데, 농민 봉기를 일으킨 사람들을 모아 자신만의 세력을 이루었지. 견훤은 900년에 수도를 완산주로 정하고 후백제를 세워 오늘날 전라도와 충청도, 경상도 일부를 다스렸어. 궁예는 신라 왕족 출신이었는데, 901년에 송악(개성)에서 후고구려를 세웠어. 그 뒤 영토를 넓혀 황해도, 경기도, 강원도 지역을 다스렸지. 신라 땅은 경상도 일대로 줄어들었어.
한반도는 다시 세 나라가 힘겨루며 다투는 후삼국 시대를 맞이했어.

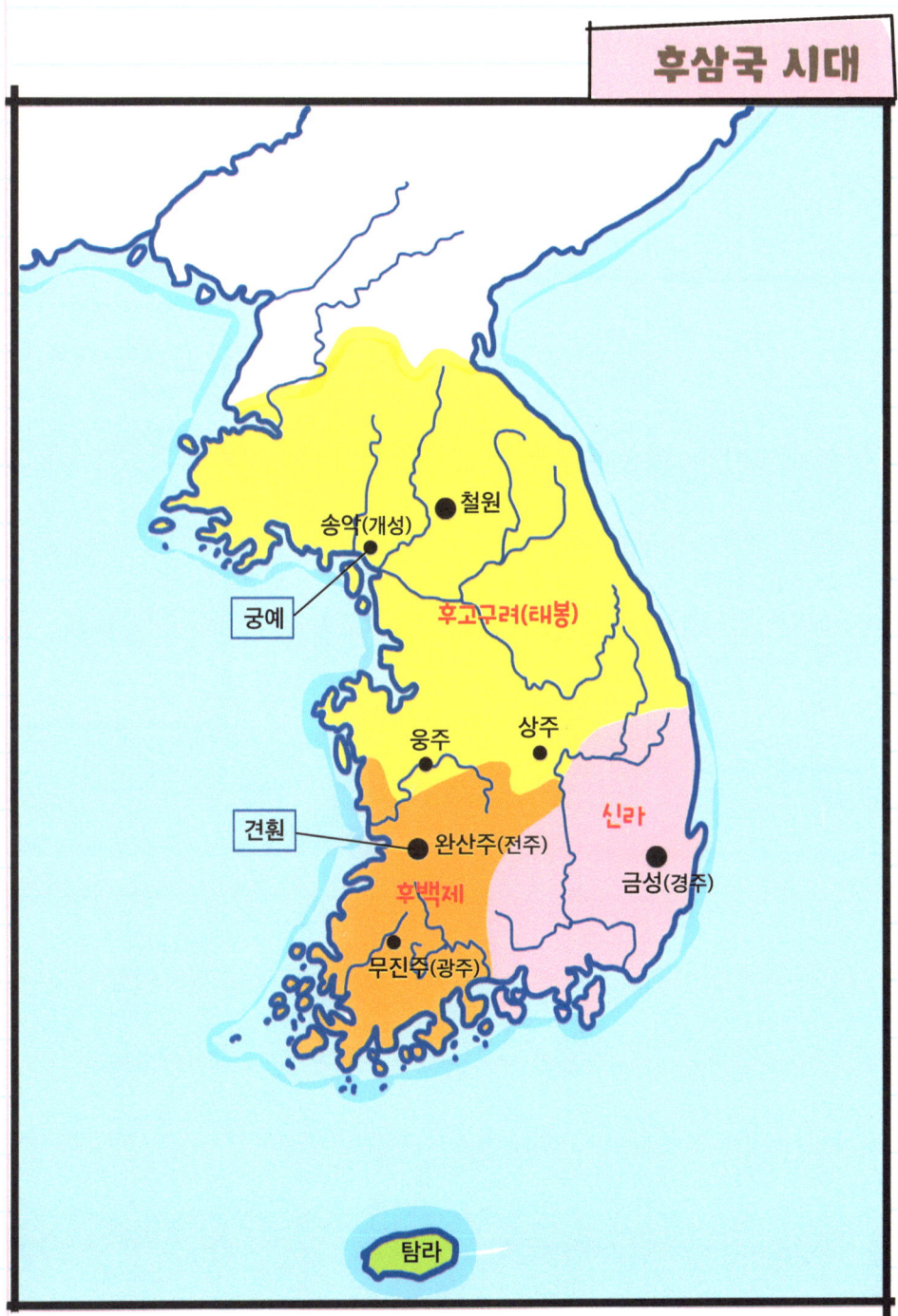

호족의 사상적 기반이 된 선종과 풍수지리설

선종은 신라 말에 유행한 불교의 한 종파야. 선종은 경전에 대한 이해를 중요하게 여기는 교종과 달리, 누구나 일상생활에서 진리를 깨달을 수 있다고 가르쳤어. 호족은 선종을 받아들이고 절을 세우도록 후원하며 힘을 모았어.

풍수지리설은 산과 땅의 모양이나 물의 흐름 등이 사람의 **길흉화복**에 영향을 준다고 믿는 사상이야. 풍수지리설에 따라 호족은 수도인 경주 중심에서 벗어나 지방을 중요하게 생각하게 되었어.

길흉화복
좋은 일과 나쁜 일, 행복한 일과 불행한 일을 아울러 이르는 말

퀴즈

1. 다음 내용이 맞으면 O, 틀리면 X를 하자.
   (1) 문무왕은 나당 전쟁을 벌여 당을 몰아내고 삼국 통일을 완성했다.
   (2) 신문왕 때 세운 국학은 불교 교육 기관이다.
   (3) 집사부는 통일 신라의 중앙 정치 기관이다.

2. 신문왕이 관리들에게 주었던 녹읍을 없애고 관료전을 둔 까닭은 무엇일까?

3. 신라가 5소경을 둔 까닭은 무엇일까?

4. 다음에서 설명하는 제도를 말해 보자.

   > 왕족은 성골과 진골, 귀족은 6두품에서 4두품으로 이루어졌으며, 왕은 성골만 될 수 있었다. 6두품은 아무리 능력이 있어도 관청의 장관이나 군부대 지휘관 같은 높은 관리가 될 수 없었다.

5. 신라 말, 사회 혼란을 바로잡기 위해 진성 여왕에게 개혁안을 올린 6두품 관리는 누구일까?

6. 호족의 사상적 기반이 된 두 가지 사상을 써 보자.

7. 후백제와 후고구려를 세운 사람은 각각 누구일까?

115

정답

1. (1) ○ (2) X (3) ○

2. 귀족들 힘을 약화시키기 위해서이다.

3. 신라 수도 경주가 한반도 동남쪽에 치우쳐 있는 단점을 보완하기 위해서이다.

4. 골품제

5. 최치원

6. 선종과 풍수지리설

7. 후백제: 견훤, 후고구려: 궁예

비법노트 **11**장

고구려를 계승한 나라, 발해

7세기~10세기

신라가 삼국을 통일해 한반도 동남부를 차지하고 발전해 갈 무렵, 고구려 옛 땅인 만주와 한반도 북부에 발해가 세워졌어. 발해는 고구려를 계승한 나라라는 걸 밝히며, 당의 문물을 받아들이고 **말갈**의 전통문화를 끌어들여 독특한 문화를 발전시켰지.

> 발해의 원래 이름은 진국이야. 당이 대조영을 발해 군왕으로 여기면서 발해를 나라 이름으로 썼어.

말갈
중국 수·당 때에 만주 동북부에서 한반도 북부에 걸쳐 살던 민족. 이들이 나중에 여진으로 성장

가장 궁금하고 더 공부하고 싶은 나라야.

대조영, 발해 건국

고구려가 멸망한 뒤 고구려 지배층과 유민들이 당으로 끌려가 살았어. 그러나 고구려 유민들은 당의 지배에 맞서 끈질기게 싸웠어. 이들 가운데 요서 지역의 영주에 머물고 있던 옛 고구려 장수 대조영이 고구려 유민과 말갈인 일부를 이끌고 당의 지배를 피해 요동 지역으로 갔어. 대조영은 뒤쫓아 온 당군을 물리친 뒤, 698년 동모산(중국 지린성)을 수도로 정하고 발해를 세웠어. 남북국 시대가 열린 거야.

발해 주민은 고구려 유민과 말갈인으로 이루어졌어. 지배층에는 고구려 유민이 많았고 피지배층에는 말갈인이 많았지.

'남북국 시대'가 갖는 역사적 의미

남북국 시대란, 한반도 남쪽에는 삼국을 통일한 신라, 북쪽에는 옛 고구려 땅에 자리 잡은 발해가 있던 시대를 일컫는 말이야. 이 말을 처음 쓴 사람은 조선 후기 실학자 유득공이야. 유득공은 『발해고』에서 아래와 같이 말했어. 또 고려가 발해 역사를 편찬하지 않은 것은 잘못이라고도 했지. 신라와 발해 모두 우리 역사라는 것을 강조한 거야.

"김씨가 남쪽을 차지하고, 대씨가 북쪽을 차지하여 발해라고 하였다. 이것이 남북국이다."

발해고
1784년, 유득공이 발해의 역사와 문화에 대한 내용을 엮어 낸 역사책

발해가 우리 역사에 속하는 까닭

중국은 발해가 자기들 역사에 속한다고 주장하고 있어. 하지만 발해가 우리 역사에 속한다는 근거는 곳곳에서 발견되고 있어.

첫째, 대조영을 비롯한 고구려 유민이 중심이 되어 발해를 세웠어.
둘째, 고구려 옛 땅에 발해를 세웠어.
셋째, 발해 스스로 고구려를 계승했다고 밝혔고, 당과 일본도 이를 받아들였어. 이런 내용은 여러 책과 문서에도 남아 있지.

- "우리(발해)는 고(구)려 옛 땅을 되찾고 부여의 풍습을 가지고 있다." – 발해가 일본에 보낸 국서(외교 문서)
- "대조영은 본래 고(구)려의 별종이다…(고구려, 말갈) 무리를 이끌고… 동모산에 성을 쌓고 살았다." – 『구당서』
- "(일본) 왕은 삼가 고(구)려 국왕에게 문안한다." – 『속일본기』

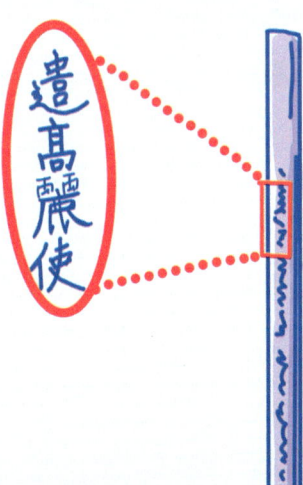

발해 사신을 표현한 목간
일본에서 발해에 보낸 사신을 '견고려사'(遣高麗使)라고 표현했어.

목간
글을 적은 나뭇조각

해동성국, 발해

대조영의 뒤를 이은 무왕은 만주 북부까지 영토를 넓혔어. 또한 스스로 연호를 만들어 쓰며 당과 비슷한 황제의 나라라는 것을 나타냈어. 당은 발해의 힘이 커지자 신라와 흑수 말갈을 끌어들여 발해를 억누르려고 했어. 그러자 무왕은 돌궐, 일본과 친하게 지내며 당과 신라에 맞섰지. 그뿐만 아니라 장문휴를 보내 당의 산둥 지방을 공격하기도 했어.

무왕의 뒤를 이은 문왕은 수도를 중경에서 상경으로 옮기고 여러 제도를 마련해 나라의 기틀을 다져 나갔어. 또한

> **돌궐**
> 몽골고원에서 중앙아시아에 걸친 지역을 지배한 터키계 유목 민족 또는 그 국가를 가리키는 말

당과 친하게 지내며 당의 발달한 문물을 받아들이고, 일본 및 신라와도 교류했지. 9세기 전반, 선왕 때는 만주와 연해주에서 요동 지방에 이르는 넓은 영토를 차지하게 되었어. 당이 발해를 '해동성국'이라 일컬을 만큼 전성기를 누렸지.

> **해동성국**
> 바다 동쪽에서 크게 일어난 나라라는 뜻

발해의 영역과 5경

발해는 나라를 어떻게

발해는 고구려를 계승하면서도 당의 제도를 받아들여 발해 형편에 맞게 나라의 기틀을 잡아. 중앙 정치 기구로는 3성 6부제를 두었어. 정당성이 나라의 중요한 일을 결정했지. 정당성 아래에는 6부를 두어 여러 일을 나누어 맡겼어. 6부의 이름은 유교에서 중요하게 여기는 '충, 인, 의, 지, 예, 신'으로 했어. 주자감을 두어 유학 교육에도 힘썼어. 유학을 나라를 다스리는 기본 사상으로 삼은 거야.

발해의 중앙 정치 제도

- 왕
  - 정당성(상서성)
  - 선조성(문하성)
  - 중대성(중서성)
  - 중정대(어사대) — 관리 비리 감찰
  - 문적원(비서성) — 서적과 외교 문서 담당
  - 주자감(국자감) — 최고 교육 기관

지방 행정은 5경 15부 62주로 짜서 넓은 영토를 다스렸어. 정치·군사적으로 중요한 지역에 5경을 두고, 지방 중심지에 15부를 두었지. 그 아래 주, 현에는 지방관을 보내 다스렸어. 가장 작은 행정 구역인 촌락은 대부분 말갈 사람들로 이루어져 있어 말갈 추령이 다스리게 했어. 고구려 사람과 말갈 사람이 서로 어우러져 살 수 있게 한 거야. 군사적으로는 10위를 두어 수도와 왕궁을 지키게 하고, 지방의 중요한 지역에는 지방군을 두었어.

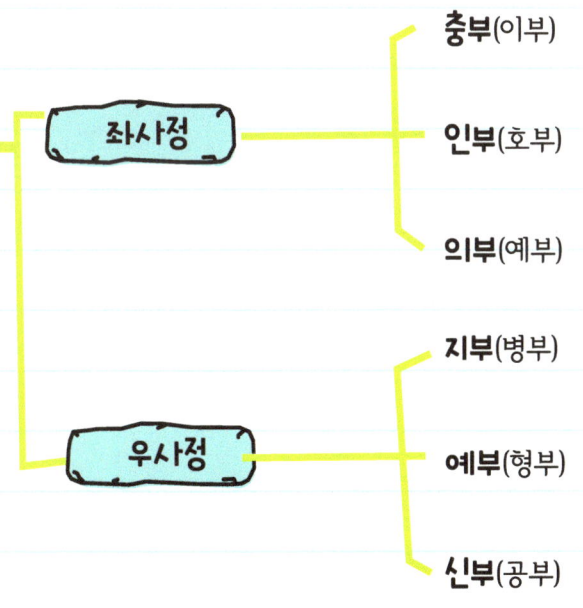

**( )는 당의 관제

발해, 거란에 멸망

발해는 9세기 말, 지배층이 여러 갈래로 나뉘어 권력 다툼을 벌이면서 점점 약해졌어. 결국 926년, 거란이 쳐들어와 멸망하고 말았지. 발해 왕자 대광현을 비롯해 많은 유민은 고려로 들어와 고려 백성이 되었어.

발해 유민들의 부흥 운동

옛 발해 땅에 남아 있던 발해 유민들은 기회가 있을 때마다 거란에 맞서 싸웠어. 유민들은 마침내 발해를 다시 세웠는데, '후발해'라고 불러. 후발해가 건국된 지 얼마 지나지 않아 압록강 유역에서 또 다른 발해 유민들이 정안국을 세웠어. 거란과 고려 사이에서 세력을 보존하기 위해 송과 자주 왕래했지만 986년에 거란에 망했지. 고려 예종 11년(1116)에도 발해 유민이 중국 요에 '대발해국'을 세웠어. 하지만 불과 5개월 만에 사라지고 말았어.

1. 고구려 유민들과 말갈 사람들을 이끌고 발해를 세운 사람은 누구일까?

2. 당의 압박에 맞서 먼저 산둥 지방을 친 발해 왕은 누구일까?

3. 전성기를 누렸던 발해 왕과 이때 당이 발해를 일컬었던 말은 무엇일까?

4. 발해의 힘이 약해진 까닭은 무엇이며, 발해를 멸망시킨 나라는 어디인지 말해 보자.

5. 발해가 계승한 나라와 통치 제도를 마련할 때 영향을 받은 나라는 각각 어디일까?

6. 발해가 나라를 다스리는 데 영향을 준 사상은 무엇일까?

7. 발해의 유학 교육 기관을 말해 보자.

8. 통일 신라와 발해가 함께 있었던 시기를 남북국 시대라고 처음 밝힌 사람과 책 이름을 써 보자.

정답

1. 대조영

2. 무왕

3. 선왕, 해동성국

4. 9세기 말, 지배층이 여러 갈래로 나뉘어 권력 다툼을 벌이면서 점점 약해졌다. 결국 거란에 멸망당했다.

5. 발해가 계승한 나라: 고구려
   발해 통치 제도에 영향을 준 나라: 당

6. 유학

7. 주자감

8. 유득공, 『발해고』

비법노트 12장

남북국의 문화와 대외 교류

7세기~10세기

통일 신라와 발해는 불교 문화를 발달시키고, 유학을 나라를 다스리는 기본 이념으로 삼았어. 또한 당, 일본 등 이웃 나라와 경제적·문화적으로 활발히 교류했어.

통일 신라에서 발달한 불교와 유교 문화

왕실과 귀족들을 중심으로 발전하던 불교는 점점 더 백성들에게로 퍼져 나갔어. 특히 승려 원효와 의상이 불교를 퍼뜨리는 데 큰 구실을 했어. 원효는 누구나 '나무 아미타불'만 외우면 **극락**에 갈 수 있다고 했어. 또한 여러 갈래로 나뉘어 다투는 불교 사상을 하나로 어울리게 하려고 애썼지. 이를 화쟁 사상이라고 해. 의상은 당에서 화엄 사상을 배워 와 신라 화엄종을 열었어.

극락
아미타불이 살고 있는 평안한 세상

'하나가 전체요, 전체가 하나'라며 모든 것은 서로 조화를 이루고 있다고 주장했어. 의상은 부석사를 비롯한 여러 사찰을 세우기도 했지.

이 밖에 혜초는 『왕오천축국전』을 남겼어. 불교가 널리 퍼지면서 절, 탑, 범종 같은 불교 예술이 크게 발달했어.

『왕오천축국전』
8세기 초, 신라 승려 혜초가 인도와 중앙아시아 등을 여행하면서 보고 들은 역사와 지리, 생활 모습, 언어 등에 대해 쓴 책

통일 신라는 나라의 안정과 왕권 강화를 위해 유교 사상을 바탕으로 나라를 다스렸어. 신문왕 때 국학을 세운 것을 비롯해 원성왕 때에는 독서삼품과를 마련했어. 신라에서 유학을 중요하게 여기면서 뛰어난 유학자들도 많이 나왔지. 설총은 이두를 이용해 유교 경전을 우리말로 쉽게 풀었고, 김대문은 화랑에 대한 전기를 모은 『화랑세기』 등을 썼어. 특히 당에 유학해 빈공과에 합격한 최치원은 문장이 뛰어나 이름을 떨쳤어.

독서삼품과
국학 학생들의 유교 경전 독해 실력을 평가해 관리를 뽑은 제도

이두
한자의 음과 뜻을 빌려 우리말을 쓰던 표기법

빈공과
당에서 외국 학생들에게 실시한 과거 시험

신라에서 발달한 불교 예술

불국사

불국사: 경주 토함산에 있는 절이야. 부처의 나라를 이루려는 마음이 담겨 있지. 건물, 탑 등이 아름답고 잘 어울려서 역사적 가치가 커. 유네스코 세계 문화유산으로 지정되었어.

불국사 3층 석탑: 불국사 대웅전 앞 서쪽에 있는 석탑으로, '석가탑'이라고도 해. 통일 신라의 대표적인 3층 석탑이야.

불국사 다보탑: 불국사 대웅전 앞 동쪽에 있는 석탑으로, 정교하면서 화려한 탑이야.

3층 석탑

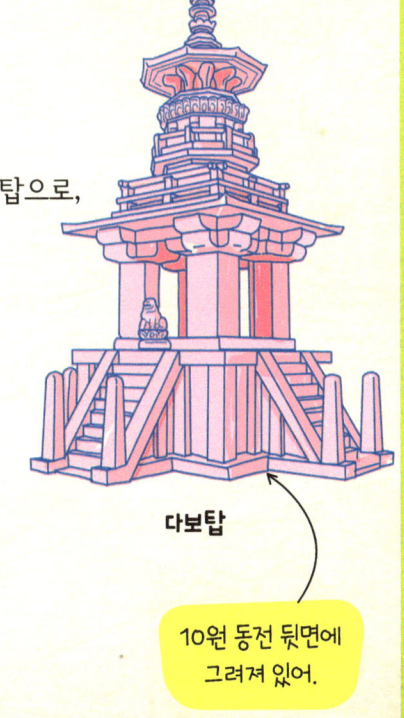

다보탑

10원 동전 뒷면에 그려져 있어.

석굴암

화강암을 쌓아 올려 동굴처럼 만든 절이야. 천장은 돌을 여러 방향에서 **아치형**으로 쌓아 올린 뒤 꼭대기에 크고 둥근 돌을 한 장 얹어서 돔형으로 마무리했어.
절 안에는 **본존불**을 비롯해 불교의 여러 신과 불교 관련 인물들이 조각되어 있어. 건축 기술, 예술적 가치 등이 뛰어나 유네스코 세계 유산으로 지정되었어.

> 돔형은 공을 반으로 나누어 엎어 놓은 모양을 떠올리면 돼.

석굴암 본존불

아치형
천장 등이 활 같은 곡선 모양

본존불
'석가모니불'을 으뜸가는 부처라는 뜻으로 부르는 말

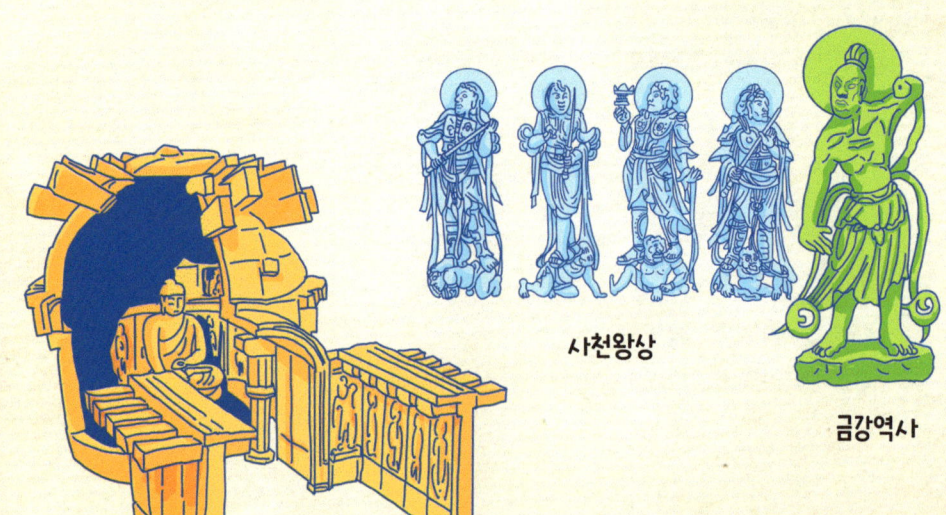

석굴암 내부

사천왕상

금강역사

범종

성덕 대왕 신종: 비천상 조각이
아름답고 종소리가
맑은 것으로 유명해.

상원사 동종: 우리나라에서
가장 오래된 종이야.

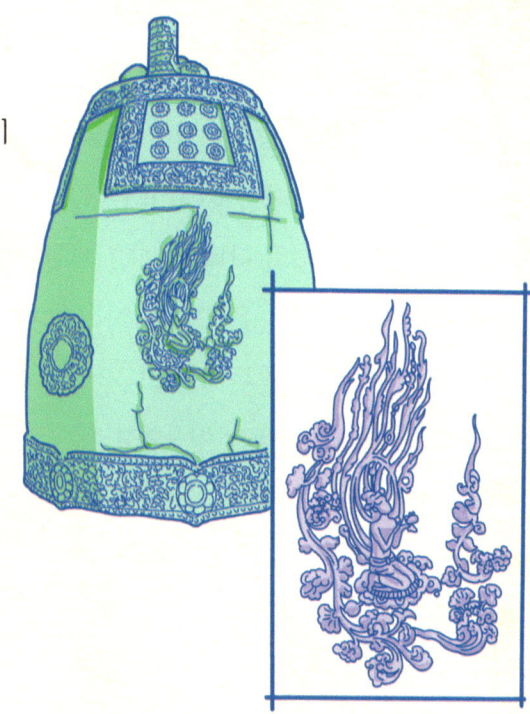

비천상
하늘을 날아다니는
여자 천사

무구정광대다라니경

8세기 중반에 만든 두루마리 형식의 불경이야.
1966년에 불국사 3층 석탑에서 발견됐는데,
세계에서 가장 오래된 목판 인쇄물이지.

사람들은 다라니경을 베껴
불탑에 넣으면 큰 공덕을 얻게 될
거라고 믿었어.

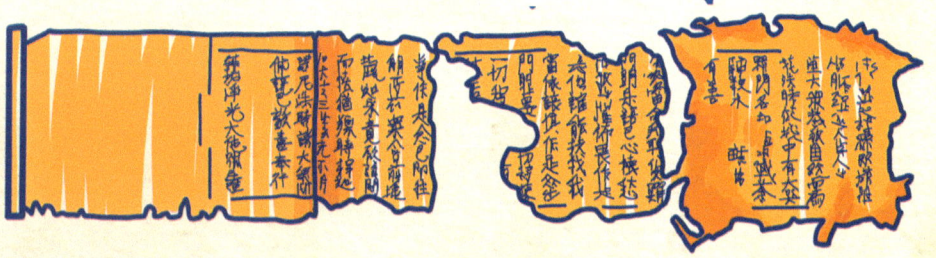

131

독특한 발해 문화

발해는 고구려 문화를 바탕으로 당과 말갈 문화 등을 넘어 독창적인 문화를 발달시켰어. 발해 수도였던 상경성은 당의 장안성을 본떠 만들었어. 도시 전체를 바둑판 모양으로 나눠 건설한 계획도시였지. 온돌, 기와, 석등, 치미 등은 고구려 영향을 받았어. 발해 문왕의 딸 정혜 공주 묘는 고구려 굴식 돌방무덤 양식을 따라 만들었고, 정효 공주 묘는 당의 영향을 받아 벽돌무덤으로 만들었어.
일반 백성들이 만든 흙무덤, 토기 등에서는 말갈의 문화를 엿볼 수 있어.

영광탑

높이가 13미터인 벽돌 탑으로 당 건축 기술의 영향을 받았어. 지금까지 남아 있는 유일한 발해 탑이야. 중국 지린성에 있어.

발해 석등

발해에서도 불교가 널리 퍼져 절을 많이 지었어. 발해가 남긴 절터에서 불상, 석등(돌로 만든 등) 등이 나와 발해의 불교 문화를 살펴볼 수 있지.

발해의 유적, 유물은 고구려의 것들과 많이 닮았어.

- 고구려 기와와 비슷한 발해 기와

 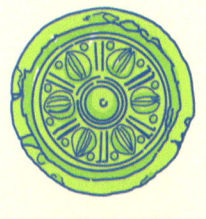

발해 기와　　　고구려 기와

- 고구려 온돌과 비슷한 발해 **온돌**

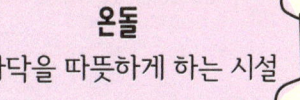

온돌
방바닥을 따뜻하게 하는 시설

발해 온돌　　　　　　고구려 온돌

- 고구려 치미와 비슷한 발해 **치미**

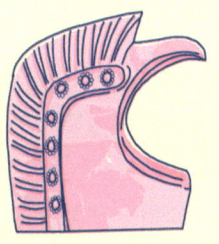 

치미
지붕 용마루 양쪽 끝에
올려놓는 장식용 기와

발해 치미　　　고구려 치미

통일 신라의 활발한 대외 교류

통일 신라는 당, 일본 등과 활발히 교류했어. 특히 신라는 당에 사신과 유학생, 승려 등을 자주 보내 발달한 문물을 받아들였어. 상인들은 당에 금·은 세공품을 수출하고 사치품을 수입했어. 신라 사람들은 산둥반도 등에 **신라방**, **신라소**, **신라원** 등을 두고 활동했지.

> **신라방**: 당에서 신라 사람들이 살던 마을
> **신라소**: 당의 신라방에 있던 신라 사람들의 관청
> **신라원**: 신라 사람들이 당의 신라방에 세운 절

장보고는 완도에 **청해진**을 세운 뒤 해적을 몰아냈어. 이어 완도를 중심으로 당과 일본을 잇는 해상 무역을 이끌며 이름을 떨쳤어. 신라는 당은포(당항성)와 울산항에서 활발히 무역 활동을 벌였어. 특히 울산항은 국제 무역항으로 번성했지.

> **청해진**
> 828년에 장보고가 청해(전남 완도)에 세운 군사 기지이자 무역 기지

원성왕릉(괘릉)의 무인석(경북 경주)
머리에 쓴 터번, 큰 눈과 코, 곱슬머리 등을 가진 서역 사람 모습이야. 신라와 서역이 교류했다는 것을 알 수 있어.

신라의 무역로와 사고판 물건들

- 신라의 교역로
- 수출 상품
- 수입 상품
- 신라방

당

발해

백두산

박작성

장보고, 법화원 건립

등주(펑라이)

신라

당은포

금성

울산

해주

금·은 세공품, 인삼, 말, 모피류, 공예품

비단, 약재, 공예품, 서적

솜, 견직물

초주

사주 양주

항저우

탐라

장보고, 청해진 설치

철, 불경, 모직물
서적, 놋쇠 식기류

하카타

일본

소주(쑤저우)

여항 명주(닝보)
(항저우)

5개 교통로를 발달시킨 발해

발해는 문왕 때부터 당과 활발히 교류했어. 많은 유학생과 승려가 당에 가서 문물을 익히고 돌아왔지. 산둥반도에는 발해관을 두어 발해 사신이 머물기도 했어. 발해는 일찍부터 일본과 교류했어. 사신을 보내 정치적으로 교류하고, 많은 상인이 오가며 물건을 사고팔았지. 신라와는 건국 초기에 대립하다 점차 교류하기 시작했어.

발해가 다른 나라에 수출한 대표적인 물건은 담비 가죽 같은 모피류였어. 발해는 주변 나라들과 편리하게 오가고 넓은 영토를 잘 관리하기 위해서 길을 닦았어. 그 결과 교통로 5개(5도)가 마련되었지.

발해의 교통로와 사고판 물건들

교통로 5개(5도)

- 조공도: 당을 오가는 사신과 유학생이 이용
- 영주도: 요서를 거쳐 장안으로 들어가는 길
- 거란도: 거란, 돌궐을 비롯해 중앙아시아 등으로 연결된 길
- 신라도: 동해안을 따라 신라로 가는 길
- 일본도: 동해를 건너 일본으로 가는 길

퀴즈

1. 통일 신라에서 불교를 널리 퍼뜨리는 데 중요한 구실을 한 승려 두 사람을 말해 보자.

2. 혜초가 인도와 중앙아시아 등을 여행한 뒤에 쓴 기행문은 무엇일까?

3. 신라 사람들이 부처의 나라를 세우려는 마음을 담아 지은 절과, 화강암을 쌓아 올려 동굴처럼 지은 절은 각각 무엇일까?

4. 불국사 3층 석탑에서 나온 불경으로, 세계에서 가장 오래된 목판 인쇄물은 무엇일까?

5. 발해가 고구려를 계승한 나라라는 것을 알려 주는 문화유산을 모두 골라 보자.
   ① 기와　　　② 영광탑　　　③ 온돌
   ④ 흙무덤　　⑤ 정혜 공주 묘　⑥ 상경성

6. 다음 빈칸에 알맞은 말을 넣어 보자.
   ① _____는 완도에 청해진을 세운 뒤 해적을 몰아내고, 완도를 중심으로 당과 일본을 잇는 ② _____을 이끌었다.

7. 아라비아 상인까지 오고간 통일 신라의 국제 무역항을 말해 보자.

137

정답

1. 원효와 의상

2. 『왕오천축국전』

3. 불국사, 석굴암

4. 무구정광대다라니경

5. ①, ③, ⑤

6. ① 장보고, ② 해상 무역

7. 울산항

역사연표·교과연계표

연표로 보는 한국사와 세계사

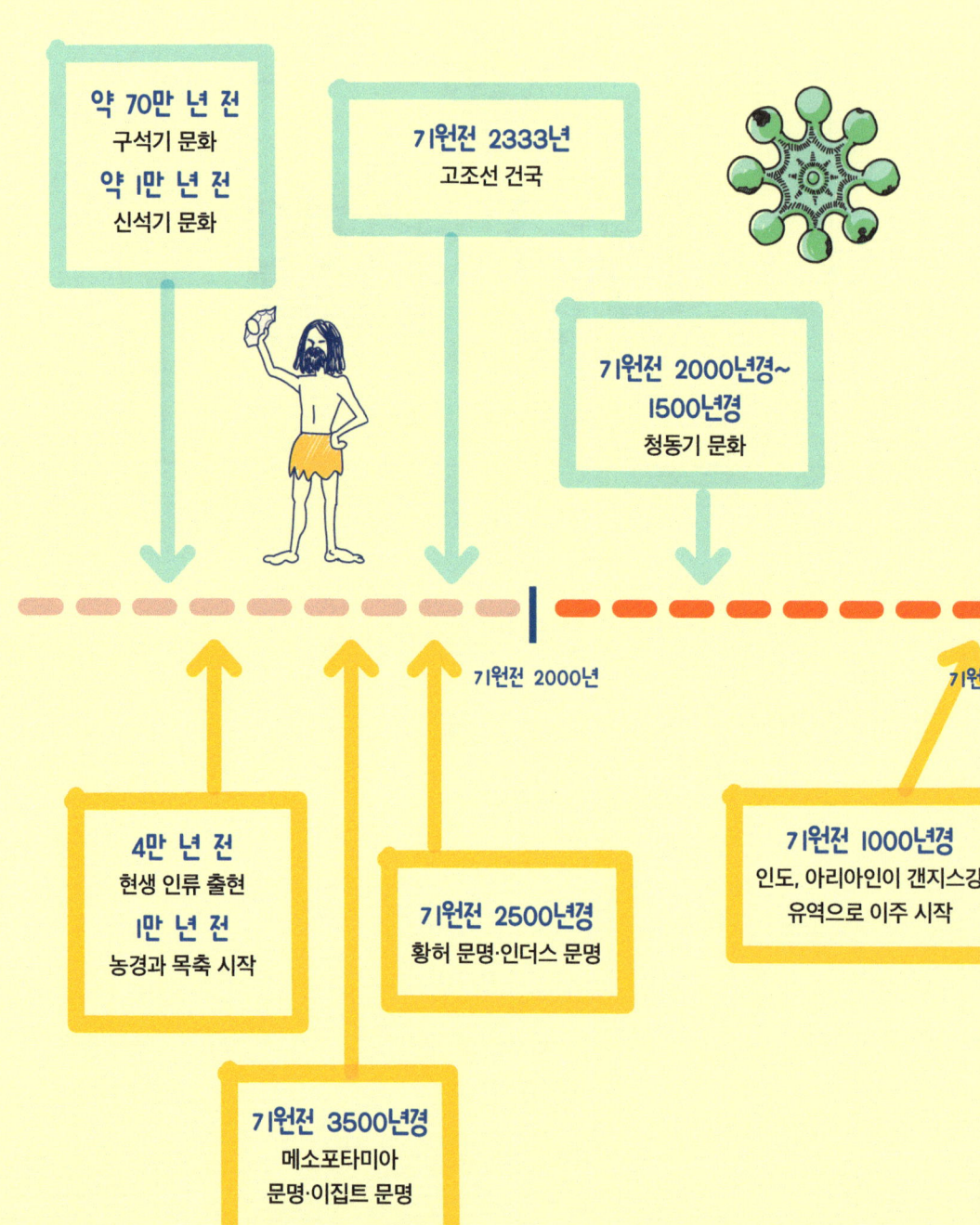

기원전 400년경
철기 문화

기원전 108년경
고조선 멸망,
한 군현 설치

기원전 57년
신라 건국

기원전 37년
고구려 건국

기원전 18년
백제 건국

기원전 500년

기원전 6세기경
인도, 불교 성립

**기원전 479년
~431년**
그리스의 황금기,
민주주의 발달

기원전 431년
펠로폰네소스 전쟁
(~기원전404년)

기원전 221년
진의 중국 통일,
만리장성 건설

기원전 202년
중국, 한 건국

기원전 27년
로마, 첫 번째 황제
아우구스투스 즉위

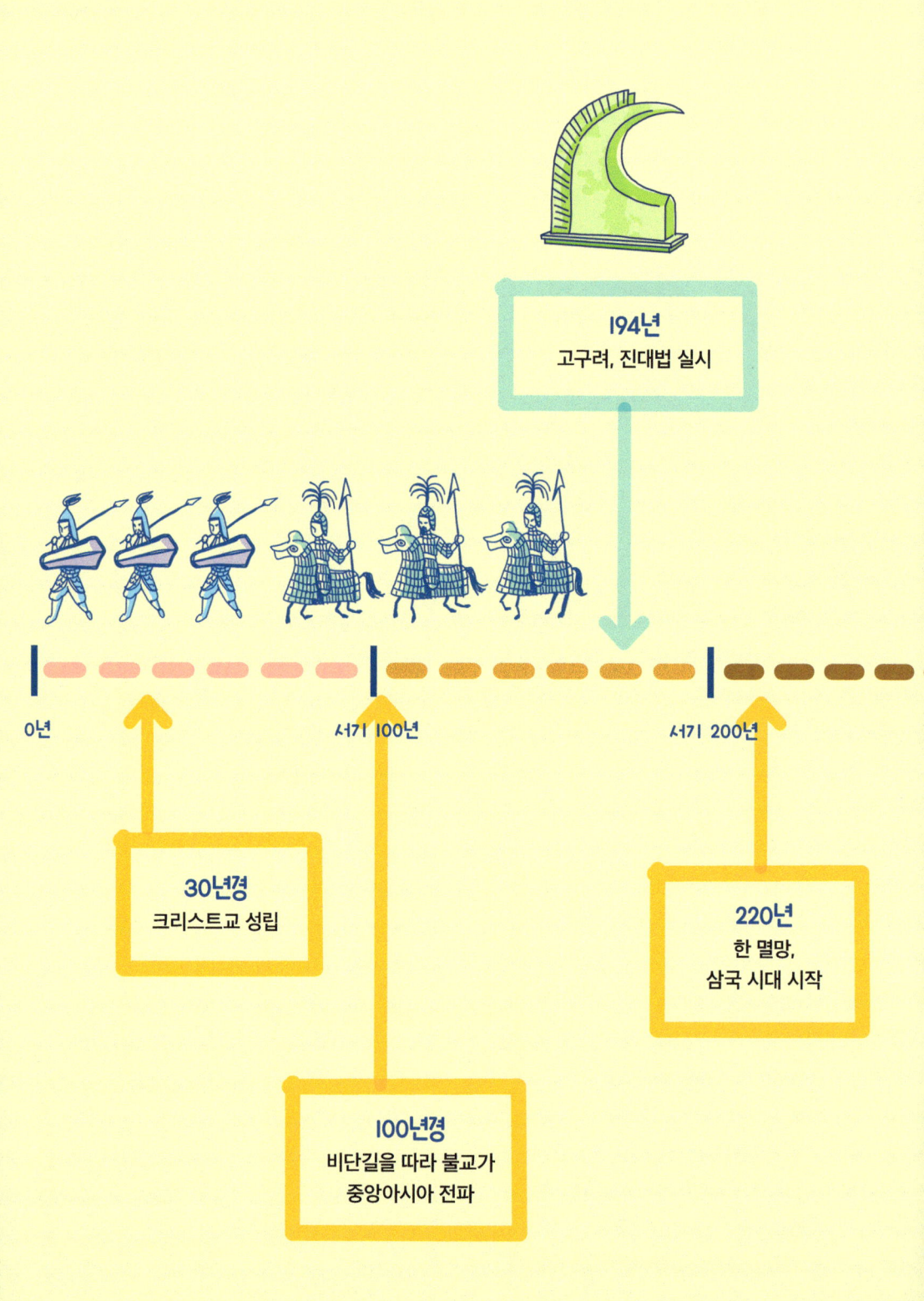

475년
백제, 웅진 천도

372년
고구려, 불교 전래
384년
백제, 불교 전래

538년
백제, 사비 천도
562년
대가야 멸망

427년
고구려, 평양 천도
433년
나제 동맹 성립

520년
신라, 율령 반포
527년
신라, 불교 공인

서기 300년 · · · · · 서기 400년 · · · · · 서기 500년 · · · · · →

589년
수, 중국 통일

375년
게르만족, 로마 제국으로 이동 시작

313년
로마 제국, 밀라노 칙령으로 크리스트교 공식 인정
320년
인도, 굽타 왕조 건국

400년경
서아프리카에 가나 왕국 건설
476년
서로마 제국 멸망
481년경
프랑크 왕국 건설

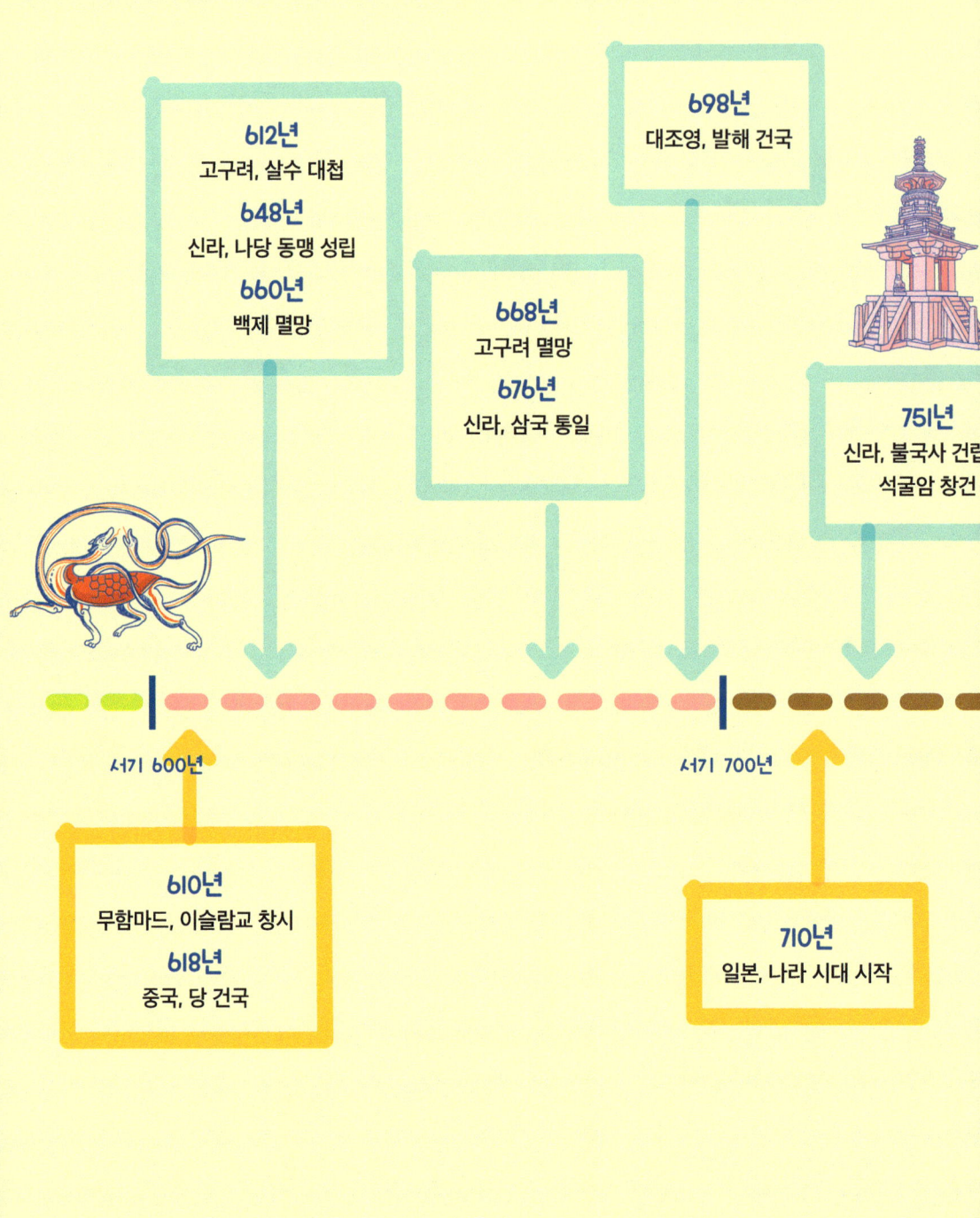

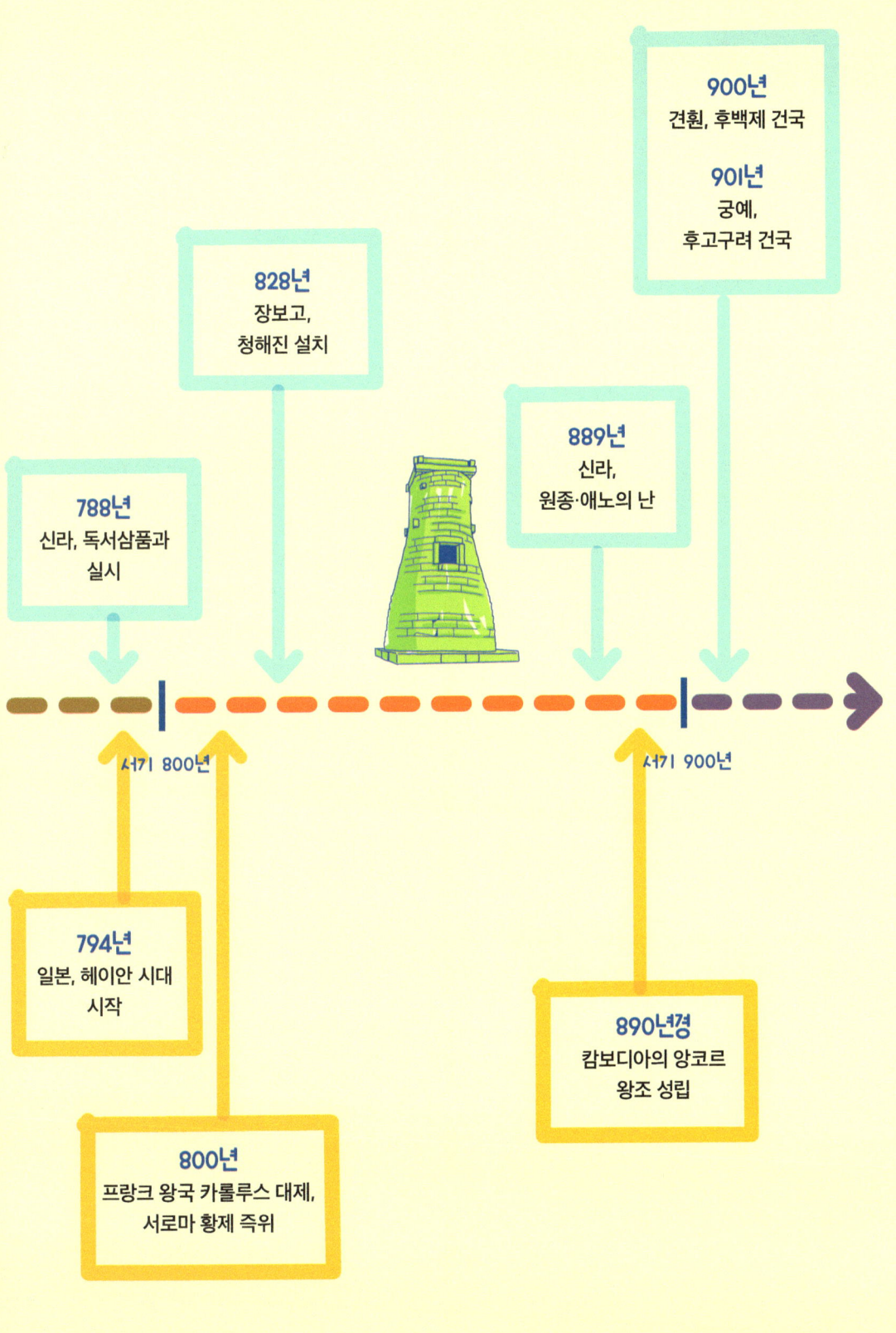

교과연계표

** 중학교·고등학교 단원은 천재교육 교과서 참조

초등학교

5~6학년군-사회(5-2)
Ⅰ. 옛사람들의 삶과 문화
  1. 나라의 등장과 발전

5~6학년군-사회(5-2)
Ⅰ. 옛사람들의 삶과 문화
  1. 나라의 등장과 발전

5~6학년군-사회(5-2)
Ⅰ. 옛사람들의 삶과 문화
  1. 나라의 등장과 발전

중학교

3학년-역사2
Ⅰ. 선사 문화와 고대 국가의 형성
  1. 선사 문화와 고조선의 성장
  2. 여러 나라의 성장

3학년-역사2
Ⅰ. 선사 문화와 고대 국가의 형성
  3. 삼국의 성립과 발전
  4. 삼국의 문화와 대외 교류

3학년-역사2
Ⅱ. 남북국 시대의 전개
  1. 신라의 삼국 통일과 발해의 건국
  2. 남북국의 발전과 변화
  3. 남북국의 문화와 대외 관계

선사 시대~남북국 시대

선사 시대, 고조선과 여러 나라

- **1장.** 만주와 한반도에서 발달한 선사 문화
- **2장.** 우리 역사에 가장 처음 세워진 나라, 고조선
- **3장.** 철기 문화를 바탕으로 발전한 여러 나라

삼국 시대

- **4장.** 동북아시아의 강국, 고구려
- **5장.** 빠른 성장을 이룬 백제
- **6장.** 삼국 통일의 발판을 마련한 신라
- **7장.** 가야 연맹의 성립과 변천
- **8장.** 삼국의 문화와 대외 교류

남북국 시대

- **9장.** 신라가 이룬 삼국 통일
- **10장.** 통일 신라의 발전 그리고 혼란
- **11장.** 고구려를 계승한 나라, 발해
- **12장.** 남북국의 문화와 대외 교류

고등학교

1학년-한국사
Ⅰ. 전근대 한국사의 이해
  1. 고대 국가의 지배 체제
  2. 고대 사회의 종교와 사상

1학년-한국사
Ⅰ. 전근대 한국사의 이해
  1. 고대 국가의 지배 체제
  2. 고대 사회의 종교와 사상

1학년-한국사
Ⅰ. 전근대 한국사의 이해
  1. 고대 국가의 지배 체제
  2. 고대 사회의 종교와 사상

초등학교

5~6학년군-사회(5-2)

Ⅰ. 옛사람들의 삶과 문화

  2. 독창적 문화를 발전시킨 고려

5~6학년군-사회(5-2)

Ⅰ. 옛사람들의 삶과 문화

  3. 민족 문화를 지켜 나간 조선

중학교

3학년-역사2

Ⅲ. 고려의 성립과 변천

  1. 고려의 건국과 정치 변화

  2. 고려의 대외 관계

  3. 몽골의 간섭과 고려의 개혁

  4. 고려의 생활과 문화

3학년-역사2

Ⅳ. 조선의 성립과 발전

  1. 통치 체제와 대외 관계

  2. 사림 세력과 정치 변화

  3. 문화의 발달과 사회 변화

  4. 왜란·호란의 발발과 영향

Ⅴ. 조선 사회의 변동

  1. 조선 후기의 정치 변동

  2. 사회 변화와 농민의 봉기

  3. 학문과 예술의 새로운 경향

  4. 생활과 문화의 새로운 양상

고려 시대 ~ 조선 시대

고려 시대

- **1장.** 고려 건국과 정치 변화
- **2장.** 흔들리는 사회와 무신 정권
- **3장.** 고려와 다른 나라들과의 관계
- **4장.** 몽골의 침입, 원 간섭과 고려 멸망
- **5장.** 고려의 생활과 문화

고등학교

1학년-한국사

Ⅰ. 전근대 한국사의 이해
  3. 고려의 통치 체제와 국제 질서의 변동
  4. 고려의 사회와 사상

조선 시대

- **6장.** 유교의 나라, 조선 만들기
- **7장.** 사림의 성장과 붕당 정치
- **8장.** 사회 변화와 문화, 과학 기술의 발달
- **9장.** 조선의 위기, 왜란과 호란
- **10장.** 조선 후기, 달라지는 정치
- **11장.** 달라지는 경제와 사회, 농민 봉기
- **12장.** 학문과 문화, 생활 등에서 일어난 변화

1학년-한국사

Ⅰ. 전근대 한국사의 이해
  5. 조선 시대 세계관의 변화
  6. 양반 신분제 사회와 상품 화폐 경제

초등학교　　　　　　　중학교

5~6학년군-사회(5-2)
Ⅱ. 사회의 새로운 변화와 오늘날의 우리
  1. 새로운 사회를 향한 움직임
  2. 일제의 침략과 광복을 위한 노력

3학년-역사2
Ⅵ. 근·현대 사회의 전개
  1. 국민 국가의 수립
  2. 자본주의와 사회 변화

5~6학년군-사회(5-2)
Ⅱ. 사회의 새로운 변화와 오늘날의 우리
  3. 대한민국 정부의 수립과 6·25 전쟁

5~6학년군-사회(6-1)
Ⅰ. 우리나라의 정치 발전
  1. 민주주의의 발전과 시민 참여
Ⅱ. 우리나라의 경제 발전
  2. 우리나라의 경제 성장

3학년-역사2
Ⅵ. 근·현대 사회의 전개
  2. 자본주의와 사회 변화
  3. 민주주의의 발전
  4. 평화 통일을 위한 노력

일제 강점기~대한민국

일제 침략과 광복을 위한 노력

1장. 조선 말, 나라 안팎의 새로운 흐름
2장. 나라를 새롭게 만들기 위한 노력
3장. 나라의 국권을 지키기 위한 노력
4장. 일제의 식민 지배와 항일 민족 운동

고등학교

1학년-한국사

Ⅱ. 근대 국민 국가 수립 운동
  1. 서구 열강의 접근과 조선의 대응
  2. 동아시아의 변화와 근대적 개혁의 추진
  3. 근대 국민 국가 수립을 위한 노력
  4. 일본의 침략 확대와 국권 수호 운동
  5. 개항 이후 경제적 변화
  6. 개항 이후 사회·문화적 변화

Ⅲ. 일제 식민지 지배와 민족 운동의 전개
  1. 일제의 식민지 지배 정책
  2. 3·1 운동과 대한민국 임시 정부
  3. 다양한 민족 운동의 전개
  4. 사회·문화의 변화와 사회 운동
  5. 전시 동원 체제와 민중의 삶
  6. 광복을 위한 노력

대한민국

5장. 대한민국 정부 수립과 6·25 전쟁
6장. 시민이 이룬 민주주의 발전
7장. 경제 성장과 사회, 문화 변화
8장. 평화 통일을 위한 노력

1학년-한국사

Ⅳ. 대한민국의 발전
  1. 8·15 광복과 통일 정부 수립을 위한 노력
  2. 대한민국 정부 수립과 6·25 전쟁
  3. 4·19 혁명과 민주화를 위한 노력
  4. 경제 성장과 사회·문화의 변화
  5. 6월 민주 항쟁과 민주주의의 발전
  6. 외환위기와 사회·경제적 변화
  7. 남북 화해와 동아시아 평화를 위한 노력

한국사천재의 비법노트: 선사 시대부터 남북국 시대

초판 1쇄 펴낸날 2021년 8월 12일
초판 3쇄 펴낸날 2025년 8월 29일

글 이진경
그림 김나연
펴낸이 홍지연

편집 홍소연 고영완 이태화 김지예 이수진
디자인 이정화 박태연 정든해 이설
마케팅 강점원 원숙영 김신애 김가영 김동휘
경영지원 정상희 배지수

펴낸곳 (주)우리학교
출판등록 제313-2009-26호(2009년 1월 5일)
제조국 대한민국
주소 04029 서울시 마포구 동교로12안길 8
전화 02-6012-6094
팩스 02-6012-6092
홈페이지 www.woorischool.co.kr
이메일 woorischool@naver.com

ⓒ이진경, 2021
ISBN 979-11-6755-007-1(73910)

- 책값은 뒤표지에 적혀 있습니다.
- 잘못된 책은 구입한 곳에서 바꾸어 드립니다.